Schöne Worte sind die Magie des Yogaunterricht.

Kathrin Wibbing

Schöne Worte im Yogaunterricht – Band 3

Weitere Texte für den Yogaunterricht:

Atembeobachtungen, Körperreisen,
Meditationen und Phantasiereisen

Besuche meine Webseite: www.w-in-flow.de

1. Band: Schöne Worte im Yogaunterricht, BoD – Books on Demand

2. Band: Mehr schöne Worte im Yogaunterricht, BoD – Books on Demand

Bibliografische Information der Deutschen Nationalbibliothek:
Die Deutsche Nationalbibliothek verzeichnet diese Publikation in der
Deutschen Nationalbibliografie; detaillierte bibliografische Daten sind im
Internet über http://dnb.dnb.de abrufbar.

© 2022 Kathrin Wibbing

Schöne Worte im Yogaunterricht – Band 3

Herstellung und Verlag: BoD – Books on Demand, Norderstedt

Korrektorat: Petra Wibbing

ISBN: 9783756829057

Inhaltsverzeichnis

Einleitung

Herzlich Willkommen, liebe Leserin – lieber Leser.

Ich freue mich sehr, dass nun schon das dritte Buch mit schönen Worten für den Yogaunterricht den Weg in die Welt geschafft hat. Als ich Anfang 2019 die spontane Idee hatte, ein Buch mit Meditationstexten zu veröffentlichen, konnte ich nicht ahnen, was für eine unglaublich schöne Reise es werden würde. Mittlerweile wurden meine ersten beiden Bände über 6.000 Mal erworben und ich erhalte sehr viel positives Feedback. Darüber bin ich sehr dankbar und ich freue mich über jeden, der die schönen Worte im Yogaunterricht oder zu anderen Gelegenheiten verwendet. Ich stelle mir oft vor, wie die Menschen die Meditationen anleiten und die Teilnehmer-innen mit leuchtenden Augen aus der Anleitung wieder auftauchen. Das motiviert mich sehr.

Falls du Lust bekommst, selbst Texte zu schreiben, besuche mich gerne auf meiner Webseite. Ich biete verschiedene Weiterbildungen für Yogalehrer-innen an. Diese finden überwiegend online statt. Informiere dich auf meiner Webseite zu den aktuellen Terminen:

www.w-in-flow.de

Außerdem freue ich mich über ein Feedback von dir. Als Rezension im Buchhandel oder schreib mir eine E-Mail: buch@w-in-flow.de.

Folge mir auch gerne auf Facebook und Instagram: winflowpb

Ich wünsche dir nun viel Freude mit den Texten.

Namaste.

Deine

Kathrin

Tipps zum Anleiten der Meditationen

Ich empfehle dir, die Texte mit ruhiger und langsamer Stimme vorzulesen. Gib den Teilnehmer-innen genügend Raum und Pausen, um den Anleitungen folgen zu können.

Die Texte sind vom Layout so aufgebaut, dass sie dir die Pausen anzeigen. Beginnt der Text in einer neuen Zeile, solltest du ungefähr einen Atemzug lang pausieren. Die Pause von einer ganzen Zeile sollte etwa drei bis fünf Atemzüge lang sein. Längere Pausen werden mit *[längere Pause]* gekennzeichnet. In diesem Fall kann die Pause gerne mehrere Minuten lang sein.

Der kursiv geschriebene Text sind Regieanweisungen für dich, die natürlich nicht mit vorgelesen werden. Auch die Überschriften dienen lediglich der Strukturierung im Buch. Ich habe mir mittlerweile allerdings angewöhnt, zu Beginn der Meditation ein paar einleitende Worte zum Inhalt der Meditation zu sagen. Aus meiner Erfahrung heraus können die Teilnehmer-innen sich noch besser auf die Inhalte einlassen.

In Abhängigkeit von deiner Lesegeschwindigkeit und der Länge der Pausen kannst du für eine Seite im Buch ca. 2-3 Minuten veranschlagen. Damit hast du einen Richtwert zur Planung deiner Yogastunde. Ich empfehle dir, die Texte mit deinem Smartphone aufzunehmen und sie anschließend mit geschlossenen Augen anzuhören. So bekommst du die beste Rückmeldung, welches Tempo angenehm ist.

Wenn die Pausen länger sind, kannst du auch gerne unterstützend ruhige Musik verwenden oder Klangschalen einsetzen. Ich mache aber auch häufig die Erfahrung, dass die Meditierenden die Stille genießen.

Bei einigen Meditationen bietet sich der Einsatz von kleinen Geschen-ken an. So verschenke ich bei der Meditation *Du bist das Licht der*

Welt Teelichter oder bei *Innerlich fliegen* kleine, bunter Federn aus dem Bastelladen. Das kommt sehr gut an. Mit den Geschenken haben die Teilnehmer-innen einen Anker, den sie mit in den Alltag nehmen können und so eine direkte Erinnerung haben.

Achte vor Beginn der Meditation darauf, dass deine Teilnehmer-innen gut und bequem sitzen bzw. liegen. Insbesondere die Anfänger-innen können nicht wirklich gut im Schneidersitz sitzen. Unterstütze sie mit deiner Erfahrung und verschiedenen Hilfsmitteln. Gerne empfehle ich auch die Meditation gut geerdet auf einem Stuhl mitzumachen. Der Sitz sollte sich stabil und leicht anfühlen.

Es gibt auch Teilnehmer-innen, die Schwierigkeiten haben, die Augen zu schließen. Mittlerweile bin ich dort sehr entspannt und biete ihnen an, die Augen zu schließen, wenn sie sich damit wohlfühlen. Die meisten schließen die Augen irgendwann. Manche schauen noch einmal zwischendurch, dann lächele ich sie freundlich an.

Bitte verwende die Texte nur, wenn du bereits Erfahrung mit dem Leiten von Gruppen hast. Im Idealfall hast du eine abgeschlossene Yogalehrer- und/ oder Meditationsleiterausbildung.

Viel Freude beim Anleiten.

Texte für Atembeobachtungen und Körperreisen

Dieses Kapitel enthält verschiedene Texte für die Atembeobachtung und Körperreisen. Diese können als Einleitung zum Yogaunterricht, zwischendurch zur Entspannung oder zur Einführung in eine Meditation oder Phantasiereise verwendet werden.

Führe nach einer Atembeobachtung bzw. Körperreise die Teilnehmer-innen sanft an die nächste Übung heran. Die Teilnehmer-innen benötigen unterschiedlich lange, um aus einer tiefen Entspannung wieder ins Tagesbewusstsein zurückzukehren.

Meditation zum inneren Frieden

Wenn du magst, schließe deine Augen.

Spüre in deinen Körper.

Spüre deine Füße – deine Beine – dein Gesäß – deinen Oberkörper – deine Arme – deine Hände – deinen Kopf.

Spüre deinen gesamten Körper. Nimm deinen Köper vollständig wahr.

Nimm deinen Körper wahr. Dein Leben findet in diesem Körper statt.

Stell dir einmal vor, dass du deinen Körper in ein goldenes Licht tauchst.

Das Licht erscheint vor dir und taucht deinen gesamten Körper in goldenes Licht.

Stell es dir vor. – Dein Körper in goldenem Licht.

Das Licht strömt durch deinen Körper und kann dich innerlich reinigen.

Lass deinen Körper vom goldenen Licht durchströmen und reinigen.

Ein Strömen von goldenem Licht in deinem Körper.

Lenke nun deine Aufmerksamkeit auf dein Innerstes. Spüre einmal, wohin deine Aufmerksamkeit zieht. Vielleicht in den Bauch, vielleicht in deinen Herzraum, vielleicht auch an eine andere Stelle in deinem Körper. Spüre.

Wo zieht deine Aufmerksamkeit hin?

Und dann verweile an dieser Stelle – dein Innerstes – dein innerer Kern.

Spüre tief in dich hinein.

Lass auch dein Innerstes vom goldenen Licht berühren. Das goldene Licht fließt zu deinem inneren Kern und durchströmt dich.

Vielleicht kannst du nun aus diesem Innersten Frieden entstehen lassen.

Frieden in dir.

Lass tief in dir Frieden entstehen.

Tiefen Frieden.

Lass diesen Frieden in deinen Körper fließen.

Spüre überall Frieden.

Dein innerer Kern von tiefem Frieden – und dieser Frieden durchzieht deinen Körper.

Spüre diesen Frieden in dir.

Innerlichen Frieden.

Lege nun deine Hände zum Namaste vor deinem Herzraum zusammen. Spüre die Verbindung von Daumen und Brustbein. Nimm noch einmal den tiefen Frieden in deinem Körper wahr.

Nimm den Frieden mit nach außen – in deinen Alltag – in dein Leben.

Öffne deine Augen.

Der Weg nach Innen

Diese Meditation eignet sich wunderbar für den Beginn einer Yogastunde.

Setze dich aufrecht hin und schließe deine Augen, wenn du möchtest.

Lenke die Aufmerksamkeit auf deine Wirbelsäule. Kipp dein Becken etwas nach vorne und richte deine Wirbelsäule gerade auf. Der Kopf thront oben auf der Wirbelsäule.

Beginne nun, deinen Oberkörper in kleinen sanften Bewegungen um deine Wirbelsäule herum zu kreisen. Es ist eine kleine Bewegung. Lass deinen Körper entscheiden, in welche Richtung du kreisen möchtest.

Kreise sanft um die Wirbelsäule.

Lass die Kreise kleiner werden.

Und noch ein bisschen kleiner.

Kreise so klein, dass die Bewegung von außen nicht mehr sichtbar ist.

Lass nun die Bewegung zur Ruhe kommen und kreise gedanklich weiter um deine Wirbelsäule.

Ein innerliches Kreisen.

Stell dir vor, dass das Kreisen spiralförmig ist und immer weiter nach innen geht.

Kreise in Spiralen weiter nach innen.

Spiralförmig kannst du dich innerlich auf deinen innersten Kern hinbewegen.

Lass die Kreise nun in ein Fließen übergehen.

Du kannst ein Fließen in deinem Innersten wahrnehmen.

Beobachte das Fließen in dir.

Lenke deine Aufmerksamkeit auf das Fließen.

Das Fließen kann dir eine Botschaft aus deinem Innersten zeigen – es kann dich dort hinbringen.

Beobachte, wo dich das Fließen hinbringen möchte.

Vielleicht erscheinen innerliche Bilder, Wörter oder Gefühle.

Beobachte das Fließen. Beobachte dein Innerstes.

[längere Pause]

Es wird nun langsam Zeit, zurückzukommen. Löse dich sanft von deinem innerlichen Fließen. Die Botschaften des Fließens kannst du mit nach außen nehmen.

Nimm deine Wirbelsäule wahr.

Nimm deinen Sitz war.

Nimm deinen Körper wahr. Du füllst ihn wieder vollständig aus. Öffne deine Augen.

Innerliche Freude spüren

Schließe deine Augen, wenn es für dich passt.

Spüre in deinen Körper.

Spüre deine Füße – deine Beine – dein Gesäß – deinen Oberkörper – deine Arme – deine Hände – deinen Kopf.

Spüre deinen ganzen Körper. Nimm deinen Köper vollständig wahr.

Nimm deinen Körper wahr. Dein Leben findet in diesem Körper statt.

Stell dir einmal vor, dass du deinen Körper in ein goldenes Licht tauchst.

Das Licht erscheint vor dir und taucht deinen gesamten Körper in goldenes Licht.

Stell es dir vor. – Dein Körper in goldenem Licht.

Das Licht durchströmt deinen Körper und kann dich innerlich reinigen und vielleicht heilen.

Lass deinen Körper vom goldenen Licht durchströmen und reinigen.

Lenke nun deine Aufmerksamkeit auf dein Innerstes. Spüre einmal, wohin deine Aufmerksamkeit zieht. Vielleicht in den Bauch, vielleicht in deinen Herzraum, vielleicht auch an eine andere Stelle in deinem Körper. Spüre.

Und dann verweile an dieser Stelle.

Spüre tief in dich hinein. Dein innerer Kern.

Lass auch dein Innerstes vom goldenen Licht berühren. Das goldene Licht fließt zu deinem inneren Kern und durchströmt ihn.

Vielleicht kannst du nun aus diesem Innersten – aus dem inneren Kern Freude entstehen lassen.

Lass tief in dir Freude entstehen.

Tiefe Freude.

Lass diese Freude in deinen Körper fließen. Spüre überall Freude.

Du kannst übersprudeln vor innerer Freude.

Stell es dir vor.

Es gibt einen inneren Kern von tiefer Freude – diese Freude durchzieht deinen Körper. Lass die Freude auch in deinen Kopf fließen.

Spüre Freude.

Innerliche Freude.

Lege nun deine Hände zum Namaste vor deinem Herzraum zusammen. Spüre die Verbindung von Daumen und Brustbein. Spüre deinen Körper und spüre die Freude.

Nimm die Freude mit nach außen – in deinen Alltag – in dein Leben.

Öffne deine Augen.

Liebe dich selbst

Verbinde dich in dieser Meditation mit deinem Herzen und deiner Selbstliebe.

Atme ein paar Mal tief in den Brustbereich. Nimm wahr, wie sich beim Atmen dein Brustbereich – dein Herzraum weitet.

Lass nun deinen Atem fließen. Du kannst deine Hände zum Namaste vor deinen Herzraum zusammenlegen – Handflächen aufeinander – Daumen berühren dein Brustbein.

Spüre zu deinem fließenden Atem. Nimm die sanfte Bewegung des Brustkorbs an deinen Händen wahr.

Lenke die Aufmerksamkeit zu deinem Herzraum und zu deinem Herzen.

Dein Herz schlägt für dich.

Stell dir vor, dass dein Herz zu leuchten beginnt. Es leuchtet in einem satten Rot.

Du kannst dir vorstellen, dass das rote Licht sich von deinem Herzen löst und ein Lichtherz entsteht.

Du hast zwei verbundene Herzen – dein schlagendes Herz und dein rotes Lichtherz.

Das Lichtherz schwebt durch deinen Brustkorb nach vorne und schwebt aus deinem Körper direkt in deine Hände.

Öffne deine Hände ein wenig. Nimm dein Lichtherz in Empfang.

Du hältst dein Lichtherz in den Händen und es ist verbunden mit deinem schlagenden Herzen.

Spüre das Licht in deinen Händen – vielleicht kannst du ein Prickeln wahrnehmen. Du kannst dein Lichtherz auch sanft liebkosen und massieren.

Dein Lichtherz fühlt sich sehr wohl in deinen Händen und strahlt für dich.

Es strahlt durch deine eigene Liebe.

Nimm das Strahlen und die Liebe wahr.

Dein Herz liebt dich und du kannst dein Herz lieben.

Öffne dich der Liebe deines Herzens.

Öffne dich der Liebe zu dir.

Deine Liebe verbindet dich.

Deine Selbstliebe kann dich innerlich heilen.

Nimm es für einen Moment einfach wahr.

[längere Pause]

Dein Lichtherz kann sich nun wieder mit deinem schlagenden Herz verbinden. Sie vereinen sich wieder.

Spüre noch einen Moment zu deinem schlagenden Herzen.

Nun verneige dich vor dir – verneige dich vor der Welt. Namaste.

Öffne deine Augen und nimm die Liebe mit in die Welt.

Innerlich leuchten

Lenke deine Aufmerksamkeit auf den Boden, auf dem du sitzt.

Nimm die Verbindung zwischen deinem Körper und dem Boden wahr.

Der Boden kann dir Ruhe schenken und dich erden.

Spüre die Erdung.

Richte deine Wirbelsäule sanft auf – der Kopf thront auf der Wirbelsäule.

Lenke deine Aufmerksamkeit auf die Krone deines Kopfes.

Verbinde dich über die Krone deines Kopfes mit dem Himmel – mit dem Kosmos – mit der unendlichen Weisheit.

Lenke die Aufmerksamkeit auf deinen Bauchraum. In deinem Bauchraum kannst du eine angenehme und wohlige Wärme wahrnehmen.

Spüre für einen Moment die wohlige Wärme in deinem Bauchraum.

Nimm alle drei Bereiche gleichzeitig wahr.

Die Erdung über den Boden.

Die Verbindung mit dem Himmel.

Die wohlige Wärme im Innern.

Lenke die Aufmerksamkeit auf deinen Brustbereich – deinen Herzbereich.

Stell dir vor, dass in deinem Herzbereich eine hellgelbe Sonne scheint.

Lass die Sonne in dir scheinen.

Sie leuchtet von innen heraus.

Lass die Sonnenstrahlen nach vorne leuchten.

Strahle.

Öffne deinen Herzraum.

Leuchte und öffne dich.

Du kannst in die Welt leuchten und strahlen.

Leuchte.

Strahle.

Bring dein Strahlen in die Welt.

Komm mit dem innerlichen Leuchten langsam wieder nach außen.

Ruhe in dir

Bei dieser Meditation kannst du beim Anleiten gerne lange Pausen machen, damit die Teilnehmer-innen ins Spüren und in die Ruhe kommen.

Lenke die Aufmerksamkeit auf deinen Atem. Vielleicht möchtest du noch ein paar Mal tief durchatmen.

Einatmen und ausatmen. Im wunderbaren Rhythmus des Lebens.

Lass nun deinen Atem fließen.

Dein Atem darf natürlich fließen.

Spüre deinen fließenden Atem.

Dein fließender, ruhiger Atem.

Lass dich von deinem Atem in die Ruhe führen.

Einatmen.
Ausatmen.

Ruhe.

Eine angenehme Ruhe in dir.

Spüre in deinen Körper hinein. Gibt es einen Punkt, an dem du in diesem Moment Ruhe wahrnehmen kannst?

Spüre zu diesem Punkt der Ruhe.

Ein Ruhepunkt in dir.

In deinem Körper. Deinem Atem. Deinem Sein.

Beobachte dich und nimm einen Moment der Ruhe wahr.

Nun stell dir vor, dass der Punkt der Ruhe ein kleines Licht ist. Dieses Licht der Ruhe kann sich in dir ausbreiten.
Es kann in deinen gesamten Körper leuchten und deinen Körper – dein Sein mit Ruhe füllen.

Stell dir vor, dass das Licht der Ruhe sich in dir ausbreitet.

Ruhe in dir.

Lass die Ruhe in dir leuchten.

Fülle dein Sein mit Ruhe.

Ruhe.

Verweile für einen Moment in dieser Ruhe.

Ruhe in dir.

Ruhe.

Klarheit im Sonnenlicht

Für diese Meditation ist es besonders schön, sich nach draußen zu setzen und das Gesicht zur Sonne zu strecken. Alternativ geht auch eine helle Lampe.

Setze dich in einen aufrechten Sitz und schließe deine Augen, wenn du möchtest.

Spüre den Boden unter dir.

Verbinde dich mit dem Boden.

Der Boden ist Mutter Erde.

Verbinde dich mit Mutter Erde.

Vielleicht kannst du dir vorstellen, dass aus deinem Körper Wurzeln wachsen und du dich mit Mutter Erde verbindest.

Stell es dir vor.

Verwurzele dich mit Mutter Erde.

Vielleicht kannst du dir vorstellen, dass du wie eine Blume bist. Mit tiefen Wurzeln.

Über die Wurzel erhältst du Nährstoffe aus dem Boden.

Diese Nährstoffe schenken dir Energie.

Stell dir vor, dass du über deine Wurzeln Energie aus dem Boden ziehen kannst. Die Energie fließt in deinen Körper.

Und belebt deinen Körper von innen.

Spüre diese Energie.

Lass die Energie von Mutter Erde in deinen Körper fließen.

In deine Beine.

Dein Gesäß – dein Becken.

Deinen unteren Rücken.

Richte deine Wirbelsäule auf und lass die Energie in deine Wirbelsäule fließen.

Auch eine Blume streckt sich und richtet sich auf. Zur Sonne.

Richte dich auf.

Strecke auch dein Gesicht zur Sonne. Wie die Blume den Blütenkopf zur Sonne streckt.

Nimm die Wärme der Sonne in deinem Gesicht wahr.

Die Sonne strahlt warm und hell in dein Gesicht.

Sie schenkt dir Helligkeit und Klarheit.

Wenn du magst, lass die Helligkeit und die Klarheit über deine Stirn in deinen Kopf und deinen Körper strömen.

Stell es dir vor.

Die Helligkeit und die Klarheit strömen über deine Stirn in dich hinein und kann dir innerlich Klarheit geben.

Spüre das.

Bleibe einen Moment in dieser Vorstellung.

Sonne.

Helligkeit.

Klarheit.

Klarheit in dir.

Vielleicht schenkt dir die Sonne Bilder, Gefühle oder Wörter, die dir noch mehr Klarheit in dein Leben bringen können.

Spüre.

Schau hin.

Höre hin.

Lausche der Botschaft der Sonne.

Es wird nun langsam Zeit, zurückzukommen. Spüre noch einmal die Wärme der Sonne in deinem Gesicht.

Beginne nun tiefer einzuatmen und komme über den Atem zurück nach außen.

Wenn du soweit bist, öffne die Augen.

Im Atem ankommen

Eine wunderbare kurze Atembeobachtung für den Beginn der Yogastunde oder vor einer Meditation.

Lenke die Aufmerksamkeit auf deinen Atem. Nimm das sanfte Strömen deines Atems wahr.

Vielleicht hast du das Bedürfnis noch ein paar Mal tief durchzuatmen. Dann mach das.

Einatmen – Ausatmen.

Lass deinen Körper den Rhythmus bestimmen.

Unser Körper ist schlau. Er weiß genau, welcher Atemrhythmus in diesem Moment gut für dich ist.

Lass deinen Körper atmen.

Du kannst mehr und mehr zum Beobachter deines Atems werden.

Dein Körper atmet – du beobachtest.

Einatmen.

Ausatmen.

In deinem Rhythmus.

Die Kraft in Dir

Lenke die Aufmerksamkeit auf deinen Atem.

Nimm deinen Atem wahr.

Beobachte deinen Atem für einen Moment und beobachte deinen Körper dabei.

Möchte der Körper jetzt noch tiefer einatmen?

Möchte er schon ruhig atmen?

Folge dem Impuls deines Körpers.

Lass nun deinen Ausatem etwas länger werden.

Atme etwas länger aus als ein.

Vielleicht kannst du spüren, dass du durch das längere Ausatmen etwas ruhiger werden kannst.

Ausatmen und ruhiger werden.

Wir unternehmen nun eine kleine Reise. Stell dir einmal vor, dass vor dir eine Lichtkugel entsteht. Lass sie vor deinem inneren Auge entstehen.

Stell dir eine wunderschöne Lichtkugel vor dir vor.

Vielleicht ist das Licht strahlend weiß – vielleicht ist es in eine Farbe getaucht. Vielleicht in deine Lieblingsfarbe. Oder in eine andere Farbe, die vor dir entsteht.

Schau, welche Farbe die Lichtkugel annimmt.

Lass die Lichtkugel größer werden. Stell dir vor, dass sie vor deinem Oberkörper schwebt.

 Wenn du möchtest, kannst du deinen Herzraum zu dieser Lichtkugel hin öffnen.

Stell dir vor, dass sich dein Herzraum weitet und zum Licht hin öffnet.

Du kannst weit und offen werden. Zum Licht hin.

Das Licht leuchtet. Strahlend. Funkelnd.

Stell dir vor, dass das Licht noch größer wird. Und noch größer.

Das Licht kann dich berühren und vollständig einhüllen.

Das Licht kann dich umarmen.

Vielleicht durchfließt dich das Licht auch.

Du kannst dir vorstellen, dass dich das Licht durchfließt. Mit jedem Atemzug, den du machst.

Es kann dich umarmen.

Und kann dich durchfließen.

Stell es dir vor.

Ein umarmendes, fließendes, strahlendes Licht umgibt dich.

Umgibt dein ganzes Sein.

Lenke nun die Aufmerksamkeit auf dein Innerstes.

Suche in deinem Innern einen Punkt, an dem du Kraft spüren kannst.

Wandere mit der Aufmerksamkeit nach innen und suche dort einen Kraftpunkt.

Vielleicht ist es auch eine Art Kraftort in dir.

Vielleicht im Herzraum. Vielleicht auch ganz woanders: in den Beinen – in den Armen.

Spüre in deinen Körper. Wo meldet er sich? Wo sagt er: Ja! Hier bin ich stark – hier habe ich viel Kraft in mir.

Und dann öffne dich dieser inneren Kraft.

Stell es dir einfach vor: Öffne dich deiner inneren Kraft.

Lass nun die Kraft größer werden. Dieser innere Punkt – der innere Kraftort kann wachsen und größer werden.

Die Kraft kann sich in deinem ganzen Körper ausbreiten.

Stell es dir vor. Der Kraftpunkt in dir wird größer und größer. Und breitet sich in deinem ganzen Körper aus.

Diese Kraft kann sich mit dem Licht verbinden. Dem Licht, das dich umgibt und durchdringt.

Stell dir beides vor: Stell dir die Kraft vor, die von innen kommt. Das Licht, das von außen kommt. Beides verbindet sich.

Beides verbindet sich in deinem Innersten.

Spüre einmal, wo diese Verbindung stattfindet. Vielleicht im Bauchraum – vielleicht im Herzraum – vielleicht aber auch ganz woanders.

Spüre für einen Moment die Kraft im Innern und das Licht von außen.

Kraft im Innern.

Licht von außen.

Stell dir vor, dass die Kraft sich von innen weiter ausweitet und nach außen leuchtet.

So wie das Licht von außen durch dich hindurch scheint, kann die Kraft von innen nach außen leuchten.

Stell es dir vor.

Alles ist möglich.

[längere Pause]

Vielleicht magst du dir innerlich sagen: „Ich öffne mich für die Kraft in mir. Sie wird nun strahlend, funkelnd, leuchtend und umgibt mein ganzes Sein."

Öffne dich für die Kraft in dir.

Komm mit der Kraft und dem Licht wieder nach außen.

Ganz langsam in deinem Tempo.

Beginne tiefer zu atmen und lass den Atem in deinen Körper hineinströmen.

Atme ein paar Mal tief ein und aus.

Wecke dich über die Atmung auf.

Komm langsam und behutsam in die Bewegung. Spüre in deinen Körper hinein, dass du ihn wieder vollständig ausfüllst.

Meditationen

In diesem Kapitel findest du kurze Meditationen zu bestimmten Themen und Fokussierungen. Du kannst sie für das entsprechende Gruppenthema in der Yogastunde, als Endentspannung oder auch als Meditation zwischendurch verwenden.

Auch bei kurzen Meditationen sollte es vorab eine Einleitung in Form einer Atembeobachtung oder Körperreise sowie am Ende ein Zurückkommen geben.

Aufbruch und Herzöffnung

Wir unternehmen eine kleine Phantasiereise. Stell dir einmal vor, du sitzt auf einem wunderschönen Platz in der Nähe einer Kirche. Hier ist es wunderbar ruhig. Um den Platz herum sind Bäume und Büsche gepflanzt. Die Sonne scheint und wärmt dein Gesicht.

Vielleicht kannst du die Wärme der Sonne auf deiner Haut spüren.

Du kannst einmal lauschen. In den Bäumen kannst du das Rascheln von Eichhörnchen hören. In den Büschen sitzen Vögel, die leise singen und zirpen. Etwas weiter entfernt hörst du Menschen vorbeigehen. Der Wind trägt die leisen Geräusche zu dir.

Zwischen diesen Geräuschen mischt sich ein leises Klingeln von Glocken. Die Glocken der Kirche beginnen sanft und leise zu schwingen und klingen.

Ganz langsam wird das Geräusch der Glocken lauter.

Sie schwingen und klingen.

Die Glockenklänge werden lauter und erfüllen die Luft mit ihrem gleichmäßigen Läuten.

Hin und her schwingen die Glocken.

Hin und her schwingt der Glockenklang.

Ein kraftvolles Läuten.

Spüre in deinen Körper. Vielleicht kannst du das Glockenläuten in deinem Körper spüren. Es kann dich innerlich zum Schwingen bringen.

Ein Schwingen des Glockenklangs.

Vielleicht kannst du spüren, dass die Glocken dich rufen. Die Glocken erzeugen eine erhebende Stimmung und rufen zum Aufbruch auf.

Spüre in dich hinein, ob du dort die erhebende Stimmung und den Aufbruch wahrnehmen kannst.

Die Glocken rufen dich.

Sie klingen und zeigen dir den Weg.

Spüre den Aufbruch.

Spüre das Voranschreiten.

Dein Weg.

Stell dir nun vor deinem geistigen Auge die Kirchenglocken vor. Groß und golden schwingen sie sanft hin und her. Vielleicht kannst du dir auch vorstellen, dass sie von der Sonne angestrahlt werden und die goldene Farbe noch strahlender und leuchtender wird.

Ein goldenes Licht.

Stell dir vor, dass von den Glocken das goldene Licht zu dir strahlt.

Gold und strahlend.

Wenn du magst, kannst du dich dem goldenen Licht öffnen. Du kannst dir vorstellen, dass sich dein Herzraum zum goldenen Licht hin öffnet und weitet.

Öffne dein Herz zum goldenen Licht.

Lass dich vom goldenen Licht durchströmen.

Das Licht kann dich von innen durchfluten und reinigen.

Nimm das Strömen wahr.

Das innerliche Strömen.

Und dann nimm beides gleichzeitig war. Die Aufbruchsstimmung der Glockenklänge und das Strömen des goldenen Lichts.

Langsam werden die Glocken langsamer und leiser.

Noch leiser.

Und schließlich verklingen sie.

Nun ist es ruhig und still.

Verweile für einen Moment in der Stille.

In der Stille.

In der Ruhe.

Spüre in die Ruhe hinein. Nimm die Ruhe in deinem Körper auf und nimm diese Ruhe mit zurück. Es wird nun langsam Zeit, zurückzukommen. Zurück auf den Platz, auf dem du sitzt.

Nimm deinen Körper wahr.

Du füllst deinen Körper wieder vollständig aus.

Wenn du soweit bist, dann öffne behutsam deine Augen.

Ein Ziel erreichen

Stell dir einmal vor, du stehst auf einer wunderschönen grünen Wiese. Überall wachsen herrliche bunte Blumen. Die Bienen und Schmetterlinge fliegen von Blüte zu Blüte.

Es ist ein Sommertag und die Sonne scheint hell und warm vom Himmel. Es geht ein sanfter Wind.

Du kannst die Wärme der Sonne und die frische Brise des Windes auf deiner Haut spüren.

Schau dich einmal um. Die Wiese ist sehr groß und in der Ferne kannst du ein Ziel erkennen, das du erreichen möchtest. Schau einmal hin, was es ist. Vielleicht ist eine bestimmte Situation, ein Projekt, ein Mensch, ein bestimmtes Körpergefühl oder etwas ganz anderes.

Dein Ziel ist noch weit weg und erscheint verschwommen.

Vielleicht spürst du einen innerlichen Impuls, dich auf das Ziel zuzubewegen. Mach einen ersten Schritt auf das Ziel zu. Vielleicht fühlt sich dieser erste Schritt noch etwas unbeholfen oder unsicher an. Nimm diesen ersten Schritt.

Dann gehe einen zweiten, dritten und vierten Schritt.

Schau einmal nach vorne. Vermutlich ist dein Ziel noch genauso weit entfernt wie eben. Halte es im Blick und gehe weitere Schritte auf dein Ziel zu.

Vielleicht fühlen sich diese Schritte schon etwas sicherer an.

Du kennst das Ziel – der Weg findet sich.

Mit jedem Schritt, den du gehst, eröffnet sich der Weg zu diesem Ziel.

Gehe weiter.

Dann schaue erneut auf das Ziel.

Vielleicht ist es nun schon etwas klarer zu erkennen. Vielleicht erkennst du die ersten Details.

Halte den Blick auf dein Ziel gerichtet und gehe weiter darauf zu.

Schritt für Schritt.

An manchen Stellen liegen Stolpersteine auf deinem Weg. Du kannst diese Stolpersteine umgehen oder überspringen.

Vielleicht gibt es auch Menschen auf deinem Weg, die dir helfen, die Stolpersteine zu überwinden.

Schau dich nach deinen Helfern um, die für dein Ziel für dich da sind.

An einigen Stellen ist es leicht, weiterzugehen. Vielleicht geht es bergab und du kommst schneller voran.

Lass es laufen.

Dann gibt es Stellen, an denen es bergauf geht, und du kommst etwas langsamer voran.

Gehe weiter. Immer weiter.

Schritt für Schritt kannst du dein Ziel erreichen.

Schau noch einmal hin. Es ist nun nicht mehr weit.

Mittlerweile liegt dein Ziel klar vor dir. Vielleicht erkennst du viele Details, wie es aussieht, und auch Details, die du bereits umgesetzt hast.

Gehe weiter.

Schritt für Schritt.

Nun bist du schon fast am Ziel angekommen. Halte für einen Moment inne. Schau dir dein Ziel an, wie es vor dir liegt. Kurz bevor du es erreichst.

Halte für einen Moment inne und schau dir dein Ziel genau an.

Schau es dir von allen Seiten an.

Dein Ziel, das du fast erreicht hast.

Wenn du magst, kannst du dich einmal umdrehen und den Weg anschauen, den du gegangen bist, um das Ziel zu erreichen.

Schau einmal, was du überwunden hast – wie viele Schritte du gegangen bist – wer dir geholfen hat und auch die Stellen, die leicht waren. Du kannst so stolz auf dich sein.

Dann wende dich wieder deinem Ziel zu. Gehe die letzten Schritte auf es zu. Vielleicht magst du dein Ziel umarmen und dich daran erfreuen, dass du es erreicht hast.

Spüre einmal zu dieser inneren Freude. Die Freude, wenn du ein Ziel erreicht hast.

Du kannst innerlich weit werden und die Freude in deinen ganzen Körper fließen lassen.

Die Freude und der Stolz und auch die Dankbarkeit, dass du die Möglichkeit hast, dir dieses Ziel vorzunehmen und auch zu erreichen.

Nimm die Freude in deinen Körper auf. Spüre in deinen Körper.

Nimm deinen Körper wahr. Und nimm diese Freude mit zurück in dein Leben.

Komm langsam wieder zurück.

Öffne deine Augen.

Fokussiere dich als Start in einen Workshop

Diese Meditation kann als Start in einen Workshop genutzt werden – sowohl für Online- als auch für Präsenzveranstaltungen. Die Intention dieser Meditation ist Fokus und Herzöffnung. Außerdem können die Menschen in Verbindung mit der Gruppe gehen und ein Bild für die anschließende gemeinsame Arbeit entstehen lassen. Bei einer Präsenzveranstaltung kann gerne eine Kerze in der Mitte stehen, über die die Verbindung erfolgen kann.

Stell dir vor, dass wir gemeinsam meditierend in einem Kreis sitzen. In der Mitte steht eine Kerze.

Lenke deine Aufmerksamkeit auf den Boden, auf dem du sitzt. Nimm die Verbindung zwischen deinem Körper und dem Boden wahr.

Verbinde dich mit dem Boden – mit der Erde.

Richte deine Wirbelsäule auf – der Kopf thront auf der Wirbelsäule. Lenke deine Aufmerksamkeit auf die Krone deines Kopfes.

Verbinde dich über die Krone deines Kopfes mit dem Himmel – mit dem Kosmos – mit der unendlichen Weisheit.

Verbunden zwischen Himmel und Erde sitzt du an deinem Platz – in unserem Kreis.

Lenke die Aufmerksamkeit auf deinen Brustbereich – deinen Herzbereich. Stell dir vor, dass in deinem Herzbereich eine hellgelbe Sonne scheint.

Lass die Sonne in dir scheinen.

Sie leuchtet von innen heraus.

Lass die Sonnenstrahlen nach vorne leuchten.

Strahle.

Öffne deinen Herzraum.

Leuchte und öffne dich.

Erinnere dich: Wir sitzen gemeinsam im Kreis.

In der Mitte steht die Kerze.

Lenke die Aufmerksamkeit auf die Kerze.

Du kannst die Strahlen deiner Sonne im Herzen zur Mitte – zur Kerze bringen.

Strahle in die Mitte.

Unsere Strahlen treffen sich alle bei der Kerze – in der Mitte.

Dort verbinden sie sich.

Nimm Verbindung auf – mit der Mitte – und mit allen wunderbaren Wesen in unserem Kreis.

Spüre die Verbindung.

Die Verbindung zur Mitte und zu allen Menschen im Kreis. Nimm die Verbindung für ein paar Augenblicke lang wahr.

Stell dir nun vor, dass sich beginnend bei der Kerze ein breiter Lichtstrahl nach oben zur Decke ausbreitet. Von dort strömt das Licht an allen Seiten wieder nach unten.

Das Licht umhüllt uns alle sicher und schenkt uns Geborgenheit.

Geborgenheit für den heutigen Tag.

Nimm die lichtvolle Hülle und die Geborgenheit wahr.

Fokussiere dich nun erneut auf die Mitte.

Lass in der Mitte ein Bild entstehen. Ein Bild, das für den heutigen Tag – für unsere heutige, gemeinsame Arbeit stehen kann.

Du kannst das Bild einfach entstehen lassen.

Vielleicht ist es ein Bild, ein Symbol – vielleicht ein Wort – ein bestimmter Satz.

Nimm dieses Bild, Symbol oder die Wörter mit nach außen. Komm langsam wieder nach außen.

Hoffnung pflanzen

In dieser Meditation wollen wir der Hoffnung begegnen und sie stärken. Dafür unternehmen wir eine kleine Reise. Stell dir vor, du sitzt auf einer herrlich grünen Wiese mit bunten Blumen.

Es ist wunderbar warm – ein sanfter Wind streichelt deine Haut. Die Schmetterlinge und Bienen fliegen von einer Blume zu anderen. Der Geruch von Gras und Sommerwärme liegt in der Luft.

Genieße diesen herrlichen Moment.

Du sitzt auf der Wiese und schaust in das Gras vor dir.

An einer Stelle kannst du eine winzige Pflanze erkennen. Du kannst dich nach vorne beugen und sie näher anschauen.

Du siehst die winzige grüne Pflanze, die sich durch die Erde gebohrt hat. Sie hat zwei zarte grüne Blätter links und rechts.

Sie sieht zart und verletzlich aus.

Du kannst dich umschauen und entdeckst neben dir eine goldene Gießkanne. Sie schimmert in der Sonne und auch die Flüssigkeit in ihr scheint zu leuchten.

Du kannst die Gießkanne in die Hand nehmen und beginnen, die kleine Pflanze zu gießen.

Die Pflanze beginnt zu wachsen. Sie wird größer, und es wachsen zwei weitere Blätter.

Sie wächst noch mehr und weitere Blätter erscheinen.

Du kannst erneut gießen und die Pflanze wächst weiter und weiter.

Sie wird größer und größer. Es erscheinen weitere Äste und immer mehr Blätter. Bald ist die Pflanze so groß wie du.

Sie wirkt nun viel kräftiger.

Nähre sie weiter. Gieße sie mit der leuchtenden Flüssigkeit. Die Pflanze wächst und wächst.

Du kannst aufstehen und der Pflanze weiter beim größer werden zuschauen.

Mittlerweile ist sie ein kleiner Baum.

Der kleine Baum wächst weiter. Der Stamm wird dicker, mehr Äste und mehr Blätter erscheinen.

Der kleine Baum wird kräftiger und größer und bildet ein wunderschönes, grünes Blätterdach.

Er reckt sich der Sonne entgegen und wird größer.

Und größer.

Schließlich ist aus dem kleinen Pflänzchen dank deiner Fürsorge ein großer stattlicher Baum geworden, der stark in der Sonne steht.

Der große Baum kann dir nun Schatten bieten und dich schützen.

Du kannst dich unter den Baum stellen und nach oben schauen. Durch das Blätterdach scheint die Sonne. Du kannst ein wunderschönes Lichtspiel beobachten.

Ein wundervoller Moment – in der Sonne unter deinem Baum.

Genieße diesen Moment.

Dieser Baum steht für die Hoffnung – auch die Hoffnung ist zunächst ein kleines zartes Pflänzchen. Wenn wir die Hoffnung nähren und umsorgen, kann sie wachsen und zu etwas Großem heranwachsen.

Nähre die Hoffnung mit guten Gedanken, fröhlichen Bildern und großen Visionen. So kann auch aus einer zarten kleinen Hoffnung eine große wundervolle Aussicht werden.

Es wird nun langsam Zeit, zurückzukommen. Von der Wiese zurück in den Raum, in dem du bist.

Nimm das Bild der Hoffnung von deinem Baum mit in dein Leben.

Im Gleichgewicht

Stell dir einmal vor, du stehst auf einem wunderschönen Spielplatz mit Geräten aus Holz. Auf dem Sand stehen ein Klettergerüst, eine Schaukel und eine Wippe.

Du kannst zur Wippe gehen. Sie ist aus hellem Holz gebaut. Eine Seite ist am Boden.

Du kannst zu dieser Seite gehen und das stabile, dicke Holz betreten.

Du bist hier vollkommen sicher.

Wenn du magst, kannst du zur Mitte der Wippe gehen. Setze einen Fuß vor dem anderen und gehe über das Holz. In der Mitte angekommen, setzt du einen Fuß auf die andere Seite.

Die Wippe bewegt sich langsam nach oben. Du kannst dein Gewicht nach vorne bewegen und die Wippe bewegt sich weiter.

Stell dich so auf die Wippe, dass beide Seiten ausgeglichen in der Luft sind.

Es ist leicht und spielerisch.

Vielleicht magst du dich ein wenig hin und her bewegen, so dass einmal die eine und einmal die andere Seite nach unten kommt.

Leicht und spielerisch.

Hin und her.

Sanft schwingend und doch im Gleichgewicht.

Spüre die Leichtigkeit.

Spüre das Gleichgewicht.

Und auch die sanfte Bewegung, um im Gleichgewicht zu bleiben.

Leicht.

Spielerisch.

Im Gleichgewicht.

Unser Leben kann wie die Brücke sein – leicht und im Gleichgewicht.

Spüre die Leichtigkeit.

Spüre das Gleichgewicht.

Bewege dich nun langsam weiter. Die Wippe neigt sich zur anderen Seite und du kannst zum Ende laufen. Am Ende kannst du von der Wippe springen.

Spüre einen Moment der Leichtigkeit und dem Gleichgewicht der Wippe nach. Du kannst das Gefühl mit in deinen Alltag zurücknehmen.

Die Lebensbrücke

Stell dir einmal vor, du stehst auf einer wunderschönen Brücke. Die Brücke ist solide und stabil aus Holz gebaut. Auch das Geländer an beiden Seiten ist wunderschön und stabil.

Schau einmal nach, wie die Brücke aussieht. Vielleicht ist sie aus hellem Holz – aus rötlichem oder aus dunklem Holz.

Vielleicht ist sie schlicht und klar gebaut – vielleicht phantasievoll verziert. Schau sie dir an.

Eine Brücke aus deinen Träumen. Du kannst dich hier sicher und wohl fühlen.

Die Brücke ist sehr lang und du stehst ungefähr in der Mitte.

Du kannst ein Stück auf der Brücke entlang schlendern. Vielleicht hörst du deine Schritte auf dem Holz.

Die Brücke steht stellvertretend für dein Leben. An der Stelle, an der du jetzt bist, ist deine Gegenwart. Wenn du zurückschaust, kannst du deine Vergangenheit sehen.

Vielleicht magst du dich auch umdrehen und deine Vergangenheit betrachten.

Schau einfach zurück in die Vergangenheit und lass sie auf dich wirken. Vielleicht gab es in der Vergangenheit Unebenheiten oder Stolpersteine, vielleicht gab es Momente, an denen es ganz leicht und gut zu gehen war. Vielleicht sieht es auch einfach neutral aus. Schau zurück und lass den Brückenteil deiner Vergangenheit auf dich wirken.

Beobachte.

Du kannst nun beobachten, dass von außen Licht auf die Brücke der Vergangenheit fällt. Helles, strahlendes Licht. Das Licht leuchtet von allen Seiten auf die Brücke und lässt jeden Abschnitt strahlen.

Erfüllt deine Brücke mit Licht.

Erstrahlt deine Vergangenheit mit Licht.

Vielleicht hast du das Bedürfnis, deiner Vergangenheit ebenfalls Licht und liebevolle Gedanken zu schicken. Vielleicht kannst du deine Vergangenheit segnen.

Sie liegt hinter dir.

Du darfst sie nun segnen.

Und du darfst sie hinter dir lassen.

Loslassen.

Stell dir vor, dass du durch das Licht, das von allen Seiten auf deine Vergangenheit leuchtet, deine Vergangenheit loslassen kannst.

Wenn du soweit bist, kannst du dich erneut umdrehen.

Du bist nun in deiner Gegenwart. Im jetzigen Moment. Nimm die stabile Brücke unter deinen Füßen wahr.

Spüre für einen Moment zu deinem Atem. Dein Atem kann sanft fließen und dich zum jetzigen Moment bringen.

Auf deiner Brücke – auf deiner Lebensbrücke – in deinem Leben.

Der Atem ist jetzt.

Du stehst weiterhin auf deiner Lebensbrücke und kannst nun ein paar Schritte Richtung deiner Zukunft gehen.

Schau einmal direkt vor deine Füße. Du kannst ein paar Schritte gehen. Die Brücke trägt dich und geleitet dich in deine Zukunft.

Deine Zukunft entfaltet sich vor deinen Füßen. Du kannst der Brücke vertrauen.

Schau einmal weiter nach vorne.

Kannst du in der Zukunft etwas entdecken? Siehst du auf der Brücke etwas? Vielleicht ein Bild oder eine Szene oder vielleicht entwickelt sich ein Gefühl in dir. Vielleicht sind es auch eher diffuse Bilder im Nebel, die weit weg erscheinen.

Deine Zukunft entwickelt sich mit jedem Schritt, den du gehst. Du kannst dich von deiner Lebensbrücke leiten lassen.

Bleibe noch einmal stehen und nimm deine Lebensbrücke wahr.

Vergangenheit – Gegenwart – Zukunft.

Segne deine Vergangenheit.

Spüre deine Gegenwart.

Erlebe deine Zukunft.

Mit diesen Bildern kannst du wieder zurückkommen in deinen Körper und zurück in deinen Alltag.

Innehalten

Stell dir vor, du gehst mit anderen Menschen einen wunderschönen Weg entlang. Links und rechts von dir stehen herrliche Blumen und duftende Kräuter.

Vielleicht gehst du anfangs zu schnell, so dass du die Blumen und Kräuter gar nicht richtig sehen kannst. Nimm ein wenig Tempo heraus, so dass du den Weg und die Umgebung genießen kannst.

Andere Menschen beginnen, dich zu überholen.

Lass sie an dir vorbeiziehen.

Du schlenderst langsam über den Weg. Der Weg macht eine kleine Biegung. Dann geht es einen kleinen Berg hinauf und auf der anderen Seite wieder hinunter.

Der Weg führt über eine Brücke. Unterhalb der Brücke fließt gemächlich ein Fluss entlang.

Auch du gehst gemächlich den Weg entlang.

Schau dich um. Am Wegesrand gibt es eine Stelle, an der du dich hinsetzen kannst.

Vielleicht ist es eine Bank, ein schöner großer Stein oder ein Stück Wiese, die dich einlädt.

Suche diese Stelle.

Nimm an dieser Stelle Platz.

Auf dem Weg gehen weitere Menschen an dir vorbei.

Du sitzt und hältst für einen Moment inne.

Lenke die Aufmerksamkeit auf deinen Körper und nimm wahr, dass dein Körper ebenfalls innehält. Dein Körper kommt bewusst auf dem Platz an, auf dem du sitzt.

Dein Körper kann innehalten.

Auch dein Geist kommt auf dem Platz an.

Dein Geist kann innehalten.

Spüre tiefer in dein Innerstes. In deine Seele.

Deine Seele kann innehalten.

Innehalten.

Mit deinem ganzen Sein.

Komm bei dir an. In deinem Innern.

Du kannst dich in deinem Innern halten.

Innehalten.

Ganz bei dir.

[längere Pause]

Lenke nun die Aufmerksamkeit wieder nach außen. Nimm wahr, dass du am Weg sitzt, an dem Menschen an dir vorbeigehen.

Du kannst nun langsam wieder aufstehen und den Weg weiter entlang gehen.

Komm langsam wieder nach außen. In den Raum, in dem du bist. Nimm das Gefühl des Innehaltens mit nach außen.

Gönne dir in deinem Alltag immer wieder kleine Momente des Innehaltens, um bei dir anzukommen.

Vorwärtskommen

Stell dir vor, du sitzt in einem Park auf einer Bank unter einem wundervoll grünen Baum. Es ist Sommer und die Sonne scheint angenehm warm vom Himmel.

Von deinem Platz aus kannst du einen Weg durch den Park sehen. Links und rechts vom Weg blühen wunderschöne Blumen auf der Wiese. Der Weg wird gesäumt von einem alten herrlichen Baumbestand.

Die Bäume ragen hoch in den Himmel hinein. Ihre Blätter bilden ein Dach über den Weg.

Du kannst von deinem Platz ein Stück des Weges entlang schauen. Der Park ist sehr groß und in weiter Ferne kannst du einen großen See erkennen.

Das Wasser glitzert in der Sonne.

Vielleicht möchtest du zu diesem See gehen – dieser See könnte ein Ziel für dich sein.

Du sitzt auf der Bank und schaust zu dem See. Du kannst nur ein Teil des Weges zum See erkennen, und der Weg ist unbekannt für dich.

Dennoch verspürst du vielleicht die Lust in dir, zu diesem See zu gehen und den Weg zu entdecken.

Du kannst aufstehen und ein Stück des Weges entlang gehen. Der Weg macht eine Biegung und du kannst den Weg entlang gehen.

Der Weg macht eine weitere Biegung und du kannst ein weiteres Stück überblicken und gehen.

Viele schöne Bäume säumen deinen Weg, während du dort entlang gehst.

Schau einmal nach links und rechts und schau dir die herrlichen Blumen an, die dort wachsen. Sie leuchten in allen Farben des Regenbogens.

Du kannst ein Stück weitergehen und um die nächste Biegung des Weges gehen.

Der Weg führt über eine kleine Brücke. Unter der Brücke plätschert ein kleiner Bach.

Du kannst für einen Moment auf der Brücke stehen bleiben und dem Fließen des Baches zuschauen. Das Wasser fließt sanft über die Steine am Grund hinweg. Ein herrliches Bild.

Wenn du aufblickst, kannst du den See nun schon etwas näher sehen. Er sieht wunderschön aus mit der glitzernden Sonne im Wasser.

Der Weg führt weiter zum See. Er wird schmaler und schmaler, bis er nur noch ein kleiner Pfad ist. Etwas langsamer geht es weiter voran. Der Weg ist nun voll mit Wurzeln und Steinen. Du kannst behutsam weitergehen und alle Hindernisse überqueren.

Ein Baumstamm liegt quer über den Pfad. Du kannst leicht darüber hinweg klettern.

An einigen Stellen hängen die Büsche tief über den Weg. Du kannst ihnen ausweichen.

So kannst du die Hindernisse des Weges mit Leichtigkeit und Beharrlichkeit überwinden.

Der Weg wird nun wieder breiter und schöner. Wenn du nach oben schaust, siehst du, dass du fast am See angekommen bist.

Der wunderschöne große See mit seinem blauen Wasser und der glitzernden Sonne.

Dein wunderschönes Ziel, das du erreicht hast.

Sei stolz auf Dich

Bei dieser Meditation können die Teilnehmer-innen auf ein Projekt, das sie selbst erschaffen haben, stolz sein. Es geht um ein feines inneres Gefühl. Möglicherweise ist es für die Teilnehmer-innen leichter, sich auf die Meditation einzulassen, wenn sie sich vorab an ein erfolgreiches Projekt in ihrem Leben erinnern. Idealerweise sitzen die Teilnehmer-innen mit aufrechter Wirbelsäule. Das kann auf der Matte sein, aber gerne auch auf dem Stuhl mit aufgestellten Füßen.

Nimm einen bequemen und aufrechten Sitz ein. Schließe deine Augen, wenn es für dich passt.

Lenke die Aufmerksamkeit auf deine Sitzfläche – auf die Berührung zwischen deinem Körper und der Sitzfläche. Nimm die Verbindung zum Boden wahr.

Der Boden schenkt dir Stabilität und Stärke.

Spüre die Stärke.

Die Stabilität.

Stell dir vor, dass die Stärke und die Stabilität des Bodens in deinen Körper fließen. Über die Berührungspunkte mit dem Boden kann Stärke und Stabilität in deinen Körper fließen.

Dein Körper kann sich stabil und stark anfühlen.

Spüre das.

Vielleicht richtet sich dein Körper ein klein wenig mehr auf – dank der Stärke und Stabilität. Es darf sich leicht anfühlen.

Dein Kopf kann aufrecht und stolz auf deiner Wirbelsäule thronen.

Vielleicht mag ein kleines Lächeln deinen Mund umspielen.

Aufrecht.

Stabil.

Leicht.

Lächelnd.

Lenke nun die Aufmerksamkeit auf deinen Herzraum.

Lass in deinem Herzraum Bilder von einem Projekt entstehen, auf das du stolz bist. Ein Projekt, das du angegangen bist und für dich erfolgreich war.

Lass die Bilder vor deinem inneren Auge – in deinem Herzen entstehen.

Nun stell dir einmal vor, dass das Projekt vor dir sitzt. Das Projekt leuchtet und strahlt. Es kann sich warm und leicht anfühlen.

Du kannst dich daran erinnern, dass viel Energie in dieses Projekt geflossen ist. Nun schau dir das Projekt an. Es sitzt dort strahlend und leuchtend. Und du kannst spüren, dass es Energie ausstrahlt.

Das Projekt strahlt Energie aus und schenkt dir diese Energie.

Spüre zu deinem Herzraum. Du kannst die Energie des Projekts in deinem Herzraum aufnehmen. Warm und strahlend.

Stell es dir vor. Das Projekt strahlt Wärme und Energie aus. Du kannst diese Energie mit dem Herzen aufnehmen.

Bleibe für ein paar Augenblicke bei diesem Bild der strahlenden Wärme und Energie.

[längere Pause]

Genieße die Energie, die dir das Projekt schenkt.

Genieße die Wärme.

Vielleicht kannst du tief in dir den Stolz wahrnehmen. Du kannst stolz auf dich sein – auf dein Projekt. Stolz auf das, was du erreicht hast.

Spüre tief in dein Herz und nimm deinen tiefen, inneren Stolz wahr. Vielleicht ist es ein sanft fließendes Gefühl der inneren Freude. Vielleicht ein Gefühl von Stabilität und Leichtigkeit. Vielleicht ein anderes wohliges Gefühl.

Genieße diesen tiefen inneren Stolz.

Spüre den Stolz.

Genieße ihn.

Lenke die Wahrnehmung nun wieder langsam und behutsam nach außen. Das Gefühl des inneren Stolzes kannst du mit nach außen nehmen.

Nimm deinen Körper wahr, der aufrecht sitzt.

Nimm deinen sanft fließenden Atem wahr.

Komm über die Bewegung und die Energie des Atems in die Bewegung. Mach all die Bewegungen, die sich nun gut für dich anfühlen.

Lass die Augen noch für einen Augenblick geschlossen.

Bring die Hände zum Namaste vor deinen Brustraum zusammen. Erinnere dich noch einmal an das Gefühl des Stolzes. Du hast ein Projekt in die Welt gebracht und nun ist der Moment gekommen, dich selbst dafür zu ehren.

Nimm dieses Gefühl mit nach außen und öffne deine Augen.

Erlebe Leichtigkeit

Stell dir vor, du sitzt auf einem hohen Berg auf einer wunderschönen grünen Wiese.

Du hast einen herrlichen Ausblick über die anderen Berge und über die Landschaft mit den sanften grünen Hügeln. Zwischen den Hügeln fließt ein Fluss und durchzieht das Grün der Landschaft mit einem wunderschönen Blau.

Es sieht wundervoll aus.

Du sitzt so hoch, dass unter dir die Wolken sind. Sanft schweben einzelne Wolken vorbei.

Beobachte eine der Wolken, die leicht und sanft an dir vorbeizieht.

Mit viel Leichtigkeit zieht sie an dir vorbei.

Du kannst dieses Gefühl der Leichtigkeit in dein Herz aufnehmen. Stell dir vor, dass in deinem Herzen Wolken der Leichtigkeit schweben.

Du kannst innerlich leicht werden.

Ganz leicht.

Leicht schwebend.

Das Gefühl der Leichtigkeit kann deinen ganzen Körper durchziehen.

Komm nun langsam wieder nach außen und nimm das Gefühl der Leichtigkeit mit.

Aufbruch und Bilder der Zukunft

Stell dir einmal vor, du sitzt in einem Park auf einer Bank. Du kennst diesen Park und fühlst dich hier sehr wohl. Es ist ein wunderschöner warmer Sommertag.

Du kannst dich hier einmal umschauen. Du kannst die grüne Wiese sehen, die herrlich bunten Blumen auf der Wiese, die Bäume und Büsche. Vielleicht kannst du auch kleine Tiere entdecken: Vögel in der Luft oder Eichhörnchen in den Bäumen.

Stell dir den Park mit allen Sinnen vor.

Vielleicht spürst du die warme Sonne und einen angenehmen Wind auf deiner Haut,
vielleicht kannst du die Vögel hören,
das grüne Gras riechen.

Es ist ein wunderbar friedlicher Ort. Du kannst wahrnehmen, dass du an diesem Ort glücklich und zufrieden bist. Dieser Ort kann dir Sicherheit schenken.

Du kannst jederzeit an diesen Ort zurückkehren, um Sicherheit zu fühlen.

Durch den Park führt ein kleiner Weg. Du kannst nun aufstehen und über den Weg gehen. Zu Beginn ist dir der Weg noch bekannt und du kannst vertrauensvoll weitergehen.

Der Weg macht einige Biegungen, denen du folgen kannst. Du kommst in Bereiche des Parks, die du noch nicht kennst.

Wenn du magst, kannst du dich einmal umschauen. Du siehst den Park und den bekannten Weg hinter dir. Du kannst sie nun hinter dir lassen und dich von den bekannten Wegen im Leben verabschieden.

Dreh dich wieder zum Weg. Der Weg liegt breit und wunderschön vor dir. Gehe weiter. Es darf sich leicht und gut anfühlen.

Der Weg führt an weiteren Wiesen, Bäumen und Blumen vorbei.

In der Ferne kannst du ein Plätschern hören. Das Plätschern eines kleinen Baches.

Du kannst zu diesem Bach hingehen.

Der Bach fließt ruhig und sanft durch sein Bett. Du kannst dem Verlauf des Baches ein Stück folgen.

Du kannst sehen, dass der Bach stetig weiter fließt. Er fließt über kleine Steine hinweg, an großen Steinen vorbei. Manchmal wirbelt er Sand auf, mal treibt er ein Stück Holz mit sich.
An einigen Stellen verwirbelt das Wasser – an anderen fließt es ganz ruhig und sanft.
Es fließt mal schneller – mal langsamer.

Jedoch fließt es immer weiter.

Es fließt so, wie unser Leben fließt. Manchmal gibt es kleine Hürden, die wir überspringen – dann gibt es größere, die wir umschiffen. Manchmal haben wir das Gefühl, stecken zu bleiben, dann wieder fließt es ganz leicht und fast von allein weiter.

Mittlerweile bist du ein ganzes Stück auf dem Weg weitergekommen. Du kannst dich hier einmal umschauen. Es war ein unbekanntes Terrain, auf dem du dich fortbewegt hast. Doch du hast es Schritt für Schritt gemeistert und vielleicht fühlt es sich hier nun schon viel vertrauter an.

Du kannst vertrauensvoll weitergehen. Stück für Stück. Auch der längste Weg beginnt mit einem ersten Schritt.

Der Weg führt ein Stück am Bach entlang, durch einen kleinen Wald mit wunderschönen Bäumen, und schließlich kommst du zu einer großen leeren Fläche. Die Sonne strahlt weiter vom Himmel und erhellt diese Fläche.

Hier auf dieser Fläche kann deine Zukunft entstehen.

Bleibe für einen Moment stehen. Lass die weite Fläche – deine Zukunft auf dich wirken.

Was entsteht vor deinem inneren Auge? Welche Bilder deiner Zukunft entstehen hier?

Vielleicht siehst du dich selbst – vielleicht siehst du einen bestimmten Ort – eine bestimmte Tätigkeit.

Bist du allein oder sind dort andere Menschen, die dich begleiten?

Lass die Zukunft entstehen.

Stell dir die Zukunft hell und strahlend vor. Tauche die Bilder in ein helles, strahlendes Licht.

Lenke die Aufmerksamkeit auf dein Herz. Lass diese strahlenden, hellen Bilder in deinem Herzen entstehen. Spüre die Bilder tief in dir.

Nimm diese Bilder der Zukunft mit in deinem Herzen.

Erinnere dich nun einmal an den Beginn der Reise. Du warst auf der Bank in dem bekannten Park. Auch dieses Bild ist in dir. Dieses Bild kann dir Sicherheit für stürmische Zeiten in der Zukunft schenken.

Nimm beide Bilder mit nach außen – das Bild der Sicherheit auf der Bank und das Bild der strahlenden Zukunft. Beide Bilder sind in deinem Herzen und können dir auf deinem weiteren Lebensweg zur Seite stehen.

Komm nun wieder nach außen und öffne deine Augen.

Phantasiereisen

In diesem Kapitel findest du unterschiedlich lange Phantasiereisen, die deine Teilnehmer-innen in eine tiefe Entspannung der Meditation führen können. Ich lasse mich bei der Erstellung von schönen Orten, kraftvollen Tieren, Erlebnissen und Reisen inspirieren.

Achte darauf, dass du die Teilnehmer-innen vorab in die Ruhe führst, z.B. mit einer Atembeobachtung, einer Körperreise oder durch die vorangegangene Asanapraxis.

Einige der Phantasiereisen sind sehr lang. Du kannst schauen, ob du sie sinnvoll abkürzen möchtest, damit du sie gut für eine Endentspannung verwenden kannst. Andererseits denke ich auch, dass eine lange Entspannung unseren Yogaschülern hilft, loszulassen. Pro Seite kannst du je nach Lesegeschwindigkeit 2-3 Minuten einplanen. Wenn du die Pausen verlängerst, kannst du auch auf 5 Minuten kommen.

Nach der Phantasiereise führe die Teilnehmer-innen behutsam und ausreichend lange aus der Entspannung. Insbesondere bei langen, intensiven Reisen kann das Zurückführen mehrere Minuten in Anspruch nehmen. Achte darauf, dass jeder wohlbehalten und glücklich zurück gekommen ist.

Sonnenaufgang im Winter

Stell dir einmal vor, du stehst im Winter an einem schneebedeckten Weg. Es ist morgens, und die Morgendämmerung zieht langsam herauf. Es ist hier wunderbar friedlich und ruhig.

Auf dem Weg kannst du Fußspuren von kleinen Tieren im Schnee entdecken. Sie sind kreuz und quer durch den Schnee gelaufen.

Und du kannst diesen Weg entlang gehen. Auf der einen Seite ist ein Wald mit schneebedeckten Bäumen, Büschen und Sträuchern. Auf der anderen Seite eröffnet sich die Landschaft, und du kannst über Felder, Wälder und kleine Ortschaften schauen. Du kannst deinen Blick über die Landschaft gleiten lassen.

Alles ist unter einer dünnen weißen Schneedecke versteckt. Es wirkt so wundervoll friedlich.

Der Wald und die Landschaft.

Du kannst weiter auf dem schneebedeckten Weg gehen. Der Schnee knirscht leicht unter deinen Füßen. Vielleicht kannst du dieses Knirschen hören und wahrnehmen.

Durch den Schnee.

Du gehst den Weg entlang. Der Weg macht eine kleine Biegung und führt in den Wald hinein. Du kannst noch mehr schneebedeckte Bäume und Büsche entdecken.

Wunderbar friedlich.

Du kannst dich umschauen.

Hinter den Bäumen kannst du einen kleinen Hügel entdecken und du siehst, dass es hinter diesem Hügel heller wird. Dort geht langsam die Sonne auf.

Geh noch ein Stückchen weiter. An einer Stelle steht eine kleine Bank mit einer warmen, wasserfesten Decke. Außerdem wartet dort eine dampfende Tasse Tee auf dich.

Nimm gerne auf der Bank Platz. Kuschel dich in die Decke und nimm die Tasse Tee in die Hand.

Du kannst den warmen, köstlichen Tee trinken. Er schmeckt wundervoll.

Der Tee wärmt dich von innen und die Decke von außen.

Es fühlt sich wunderbar an. So gewärmt, kannst du die kühle, frische Winterluft wahrnehmen.

Spüre für einen Moment die Frische des Winters und gleichzeitig die Wärme – vom Tee und von außen von der Decke.

Wohlige Wärme

Und frische Luft.

Kuschelige Wärme.

Mitten im Winter.

Ganz wunderbar.

Du kannst dich weiter umschauen und zu dem Hügel schauen. Ganz langsam schiebt sich hinter dem Hügel die Sonne empor. Sie tastet sich langsam nach oben und blinzelt über den Hügel zu dir.

Wenn du magst, kannst du die Augen schließen und dein Gesicht zur Sonne wenden.

Spüre die ersten warmen Sonnenstrahlen des Tages in deinem Gesicht.

Die Sonne wärmt dich ebenfalls – an diesem Wintertag.

Die Sonne kann dich auch innerlich wärmen.

Lenke die Aufmerksamkeit auf deinen Brustbereich und auf dein Herz.

Wenn du magst, kannst du dein Herz zur Sonne hin öffnen. Richte dich auf und lass die Sonne in dein Herz scheinen.

Wunderbar.

Nimm die Sonnenstrahlen in dein Herz auf.

Und lass dich von der Sonne durchfluten.

Sonne.

Wärme.

Licht.

Sonne.

Wärme.

Und Licht.

Die Sonne berührt dich ganz tief. Öffne dich der Sonne.

Und spüre in dein Herz. Vielleicht kannst du selbst strahlen. Strahlen wie eine kleine Sonne.

Spüre einmal.

Stell es dir einmal vor.

Dein Herz strahlt. Die Sonne strahlt.

Du kannst gemeinsam mit der Sonne strahlen.

An diesem wunderschönen Wintermorgen im Schnee sitzt du in der Sonne und strahlst.

Genieße für einen Moment die Wärme und das Strahlen.

Nimm es einfach nur wahr.

Die Wärme.

Dein Strahlen.

Und das Strahlen der Sonne.

Jeden Morgen geht die Sonne wieder auf. Manchmal sehen wir sie – manchmal bleibt sie hinter Wolken versteckt. Doch sie ist stets da und strahlt.

Du kannst jeden Morgen neu entscheiden, die Sonne in dein Herz einzuladen.

Es wird nun langsam Zeit, zurückzukehren. Du sitzt auf der Bank in dem Wald im Schnee. Du genießt die Sonne. Trink gerne noch die letzten Schlucke des leckeren Tees. Dann kannst du dich auf den Rückweg machen.

Wirf noch einen letzten Blick auf die Sonne und nimm die Strahlen in deinem Herzen mit.

Du kannst den Weg weiter entlang gehen. Der Weg macht eine kleine Biegung und du kommst zum Beginn unserer kleinen Reise.

Du bist das Licht der Welt

Entstanden aus dem Bibelvers Matthäus 5:14-15 – „Ihr seid das Licht der Welt. Es kann die Stadt, die auf einem Berge liegt, nicht verborgen sein. Man zündet auch nicht ein Licht an und setzt es unter einen Scheffel, sondern auf einen Leuchter; so leuchtet es denn allen, die im Hause sind." Bei der Einleitung, die vor der Phantasiereise erfolgen sollte, bietet sich auch die Fokussierung auf eine Kerze an. Damit kann das Erleben der Teilnehmer-innen noch intensiver sein.

Wir unternehmen nun eine kleine Phantasiereise. Stell dir einmal vor, du stehst am Fuße eines Berges. Du kannst die Spitze des Berges erkennen und du kannst auch einen Weg auf die Spitze des Berges sehen. Es ist bereits Abend und die Dämmerung tritt langsam ein. Ganz langsam verfärbt sich der Himmel von blau in lila.

Oben auf dem Berg kannst du kleine Lichter erkennen, die in der herannahenden Dämmerung langsam zu leuchten beginnen.

Am Fuße des Berges entdeckst du einen Tisch mit Kerzen und Streichhölzern. Du kannst dir eine Kerze und Streichhölzer mitnehmen und dich auf den Weg auf den Berg machen.

Es ist leicht, den Berg hochzugehen.

Auch der Weg ist mit Lichtern ausgeleuchtet.

Es wird noch etwas dunkler. Durch die Lichter am Wegesrand kannst du den Weg nach oben klar erkennen.

Gehe den Weg entlang.

Mit dir zusammen gehen weitere Menschen auch auf dem Weg nach oben.

Sie tragen alle eine Kerze mit sich. Die Kerzen in der Hand sind noch aus. Du kannst dich gemeinsam mit den anderen nach oben bewegen.

Es ist wunderbar ruhig hier, und deine Schritte und die Schritte der anderen auf dem Weg sind zu hören.

Während du den Weg entlang nach oben gehst, kannst du in dich hineinspüren. Nimm einmal dein Innerstes wahr. Spüre zu den ruhigen und friedlichen Momenten in dir.

Vielleicht kommen Bilder in dir hoch – vielleicht angenehmen Gefühle – vielleicht kannst du die Ruhe und den Frieden in dir einfach so wahrnehmen.

Diese Ruhe, die Bilder und Gefühle können sich mit jedem weiteren Schritt, den du gehst, verändern. Sie können noch heller und schöner werden.

Geh den Weg entlang.

Und vielleicht kannst du innerlich noch ruhiger und friedlicher werden.

Stell dir vor, dass du ruhiger und friedlicher wirst. Mit jedem Schritt, den du auf dem Weg nach oben gehst.

Du bist nun fast oben angekommen.

Du kannst sehen, dass die anderen Lichter, die du von unten gesehen hast, andere Menschen sind. Jeder einzelne von ihnen trägt eine Kerze, die in die Nacht strahlt. Mittlerweile hat sich der Schleier der Dunkelheit über alles gelegt und du kannst die Lichter deutlich erkennen.

Manche Lichter leuchten heller – manche etwas dunkler.

Doch jedes Licht leuchtet.

Du kannst nun deine Kerze nehmen und anzünden.

Schau auf deine Kerze.

Schau dem flackernden Licht zu.

In welcher Farbe flackert das Licht? Vielleicht ist es golden, vielleicht weiß, vielleicht in deiner Lieblingsfarbe. Alles ist möglich.

Schau hin, in welcher Farbe das Licht flackert.

Lass das Licht nun größer werden. Du kannst dir vorstellen, dass der farbige Schein, der die Kerze umgibt, größer wird.

Größer und größer.

In der Farbe des Lichts.

Der Schein wird so groß, dass er dich umhüllen kann. Lass dich umhüllen vom farbigen Kerzenschein.

Du bist nun selbst das Licht, das leuchtet.

Leuchte.

Scheine.

Du bist das Licht der Welt.

Bring dein Licht in die Welt.

Schau dich einmal um. Mittlerweile leuchten alle Menschen in den Farben ihrer Kerze. Auch sie bringen ihr Licht in die Welt.

Ihr seid das Licht der Welt.

Lass dein Licht noch heller und strahlender leuchten.

Hell.

Strahlend.

Hell leuchtend.

Spüre in dein Herz. Vielleicht kannst du dort erkennen, wodurch das Licht entstanden ist. Was bringt dein persönliches Licht zum Strahlen? Nimm das erste Gefühl, das erste Bild, den ersten Satz, der dir begegnet.

Was bringt dich zum Strahlen?

Was lässt dein persönliches Licht strahlen?

Spüre.

Vielleicht kannst du das Strahlen, das du nach außen bringst, nun auch im Innern spüren.

Innen und außen.

Strahlen.

Du bist das Licht der Welt.

Du bist auf dem Berg mit vielen anderen Menschen und lässt dein inneres Licht strahlen. Auch die Kerze strahlt. Du kannst die Kerze mitnehmen und dich langsam auf den Rückweg machen.

Auch die anderen Menschen bewegen sich langsam den Berg hinunter.

Gemeinsam geht ihr nach unten und tragt dabei eure Kerzen.

Ihr bringt euer Licht in die Welt.

Viele Lichter für die Welt.

Jeder – auch du – hat eine Mission – eine Aufgabe, die die Welt erhellen kann.

Du kommst unten am Berg an. Vielleicht stehen dort Menschen, an die du dein Licht – dein Strahlen weitergeben kannst. Die Menschen haben ebenfalls Kerzen in der Hand. Entzünde mit dem Feuer deiner Kerze das Feuer der anderen Kerzen – der anderen Menschen.

Schau einmal, wem du dort begegnest, und welche Lichter du dort anzündest.

Du kannst sie zum Leuchten und Strahlen bringen.

Mit deinem Licht.

Es wird nun langsam Zeit, zurückzukommen.

Zurück in diese Welt. Doch auch in dieser Welt gibt es eine Kerze und auch in dieser Welt gibt es ein Leuchten und ein Strahlen in dir. Mit deiner Mission – mit deiner Aufgabe, die du in die Welt bringen darfst.

Im Flow – im Lebensfluss

Wir unternehmen nun eine kleine Phantasiereise.

Stell dir vor, du stehst an einem wunderschönen kleinen Fluss. Die Sonne scheint, und es ist herrlich warm. An den Seiten des Flusses stehen hohe Bäume, die angenehmen Schatten spenden.

Du kannst ein Stück am Fluss entlang gehen. Das Wasser fließt ruhig und sanft durch das Flussbett. Es fließt an Baumwurzeln vorbei und über Steine hinweg. Ganz leicht und fließend strömt das Wasser.

An einer Stelle führt eine kleine Holzbrücke über den Fluss zu einer Insel. Du kannst die Holzbrücke betreten. Das Holz knirscht leise unter deinen Füßen. Du bist hier sehr sicher und kannst über die kleine Brücke zur Insel gehen. Über den sanft strömenden Fluss hinweg.

Auf der kleinen Insel ist eine herrlich grüne Wiese mit bunten Sommerblumen. Du kannst dir einen Platz zum Hinsetzen suchen: vielleicht ein besonders schönes Stück grüne Wiese oder einen Baumstamm oder einen großen Stein, der von der Sonne aufgewärmt ist.

Schau dich um und nimm Platz. Setze dich so, dass du weiterhin auf den Fluss schauen kannst.

Schau auf den Fluss.

Schau auf das fließende Wasser.

Es fließt und strömt. Leicht und sanft.

Lenke deine Aufmerksamkeit auf deinen Atem – auch der Atem fließt und strömt sanft und gleichmäßig in deinen Körper.

Spüre das Fließen des Atems. Leicht und sanft.

Lenke die Aufmerksamkeit zu deinem Herzraum.

Lass den Atem in deinen Herzraum und in dein Herz hineinfließen. Stell es dir vor.
Auch in deinem Herzen kannst du es fließen lassen.

Ein sanftes Fließen und Strömen in deinem Herzen.

Über den Atem kannst du Energie in dein Herz hineinfließen lassen.

Erfülle dein Herz mit dieser Energie und mit dem Strömen der Energie.

Weite dein Herz und nimm das Strömen wahr.

Strömen von Energie und von Liebe.

Liebe zu deinem Leben.

Zu deinem Lebensfluss.

Du sitzt an dem kleinen Fluss und erlebst äußerliches und innerliches Strömen. Du kannst dich hier am Fluss einmal umschauen und auch lauschen. Du kannst einen kleinen Vogel zwitschern hören.

Der Vogel fliegt über den Fluss und über die Wiese der kleinen Insel und kommt zu dir.

Der kleine Vogel landet direkt vor dir und schaut dich mit seinen kleinen schwarzen Knopfaugen aufmerksam an. Du kannst spüren, dass der kleine Vogel eine Botschaft – einen Impuls für dich hat.

Du kannst den Vogel fragen, wie du mehr Flow – mehr Fließen – mehr Leichtigkeit in dein Leben einladen kannst.

Frag den Vogel, welche Ideen er hat.

Und dann lausche seinen Antworten. Du kannst ihn leicht verstehen. In Bilder oder Worten.

Welche Botschaft hat der Vogel für dich?

Wie kannst du mehr Leichtigkeit – mehr Flow – mehr Strömen der Energie in dein Leben einladen?

Lausche.

Nimm die Botschaft des Vogels in deinem Herzen mit.

Es wird nun langsam Zeit, zurückzukehren. Verabschiede dich von dem kleinen Vogel. Er schaut dich noch einmal an und fliegt über die Insel und den Fluss davon.

Du kannst dich nun auch auf den Rückweg machen. Stehe von deinem Platz auf der Insel auf und gehe zurück zum Fluss. Gehe einmal zum Fluss. Du kannst das Fließen des Wassers sehen. Das Wasser fließt über viele wunderschöne Steine hinweg. Vielleicht magst du einen der Steine aus dem Fluss zur Erinnerung an die Erlebnisse mitnehmen.

Wähle einen Stein aus und nimm ihn an dich.

Gehe dann zur kleinen Holzbrücke und über die Brücke auf die andere Seite des Flusses.

Wir sind nun am Ende unserer kleinen Reise.

Komm zurück in deinen Körper.

Wir sind die Götter unseres Lebens

Wir unternehmen nun eine kleine Phantasiereise. Stell dir einmal vor, du bist in einem wunderschönen Raum. Das kann der Lieblingsraum deines Zuhauses sein – das kann auch ein Raum deiner Träume sein. Stell dir einen wunderschönen Raum vor. Hier ist es richtig gemütlich und nach deinen Vorstellungen eingerichtet.

An einer Seite steht ein Kamin und vor dem Kamin ein Sessel.

An einer anderen Seite kannst du durch große Fenster in einen herrlichen Garten mit einer großen Wiese schauen. Die Abenddämmerung hat bereits eingesetzt. Auf der Wiese ist Holz für ein Feuer aufgeschichtet. Es ist ein kühler Abend.

Drinnen, wo du bist, ist es wunderbar warm. Schau dich im Raum weiter um. Im Kamin prasselt ein herrliches Feuer. Vor dem Kamin steht ein bequemer Sessel mit einer Decke. Es sieht sehr einladend aus.

Wenn du magst, kannst du dich in den Sessel setzen. Mach es dir richtig gemütlich. Vielleicht magst du dich auch zudecken.

Wunderbar kuschelig.

Du kannst auf das Feuer im Kamin schauen. Es prasselt und strahlt herrliche Wärme ab. Die Holzscheite glühen rot. Das Feuer brennt in gelb und rot.

Vielleicht kannst du die Wärme des Feuers in deinem Gesicht spüren. Nimm die Wärme des Feuers in dich auf.

Spüre Wärme.

Die Wärme des Feuers kann dir Geborgenheit schenken. Vielleicht kannst du diese Geborgenheit spüren. Du kannst dich auf deinem

Sessel noch mehr in die Decke einkuscheln. Vielleicht umarmst du dich dabei auch selbst und schenkst dir Geborgenheit. In dir ist eine innere Mutter, die dir Geborgenheit schenken kann.

Schenke dir Geborgenheit.

Spüre Geborgenheit.

Geborgen.

Ganz bei dir.

Tauche noch tiefer in dich hinein.

Sinke in dich hinein.

Zu deinem Herzen.

Spüre zu deinem Herzen.

Dein Herz schlägt für dich. Jeden Tag – jederzeit.

Fühle zu deinem Herzschlag. Vielleicht kannst du ihn wahrnehmen. Ein sanftes Schlagen in deinem Innern.

Stell dir vor, dass du noch tiefer in dein Herz hineinsinken kannst.

Tief in dein Herz.

Du kannst es dir einfach vorstellen. Du sinkst tief in dein Herz.

Stell dir vor, dass dein Herz eine Aura umgibt. Der Energiekörper deines Herzens.

Und nun stell dir vor, dass die Aura – der Energiekörper deines Herzens wächst.

Die Energie deines Herzens breitet sich aus.

Die Aura wächst und erfüllt deinen ganzen Brustbereich.

Deinen ganzen Oberkörper.

Deinen ganzen Körper.

Die Energie deines Herzens pulsiert und leuchtet in deinem ganzen Körper.

Und wächst über deinen Körper hinaus.

Pulsierende Energie.

Und dann spüre einmal gleichzeitig zu deinem physischen, schlagenden Herzen und zur pulsierenden Herzensenergie, die deinen ganzen Körper erfüllt und umhüllt.

Pulsierend.

Leuchtend.

Strahlend.

Innen und außen.

Wie innen so außen.

Dein schlagendes Herz kann dir Liebe schenken.

Spüre zur tiefen Lieben deines Herzens.

Auch die Liebe fließt in deinen Körper und über deinen Köper hinaus.

Spüre die Liebe.

Liebe zu dir.

Selbstliebe.

Liebe dich selbst.

[kleine Pause]

Du sitzt weiterhin warm eingekuschelt in deine Decke vor dem Kamin. Und du spürst zu deinem Herzen und zur Energie deines Herzens. Erfüllt von Selbstliebe.

Du kannst langsam vom Sessel aufstehen und dich weiter im Raum umschauen. In einer Ecke ist ein Stehtisch und auf dem Stehtisch siehst du eine drehende Scheibe. Du kannst vom Sessel aufstehen und dorthin gehen.

Neben der drehenden Scheibe siehst du einen Klumpen Ton. Du kannst den Ton in die Hand nehmen.

Spüre den kühlen Ton in deiner Hand.

Die Scheibe auf dem Tisch dreht sich. Du kannst den Ton auf die Scheibe legen und mit deinen Händen formen. Es ist leicht. Wie von selbst.

Unter deinen Händen formt sich der Ton.

Du kannst einfach zuschauen und deine Hände erschaffen etwas.

Schau hin.

Was entsteht unter deinen Händen? Was erschaffst du aus deiner Energie – aus deiner Schaffenskraft?

Schau hin und erschaffe deine persönliche Sache.

Der Ton formt sich unter deinen Händen. Du schaust zu.

Kannst du es erkennen?

Was entsteht aus dir heraus?

Es ist ein Geschenk aus deinem innersten Selbst heraus.

Die Scheibe dreht sich langsamer und kommt schließlich zum Stehen.

Du kannst dein Geschenk entgegennehmen.

Es ist zauberhafter Ton, und dein Geschenk ist direkt stabil und wunderschön geformt.

Schau es dir von allen Seiten an.

Vielleicht magst du es in Farbe tauchen. Allein durch deine Vorstellungskraft kann es alle erdenklichen Farben annehmen. Tauche es in deine Lieblingsfarben.

Und dann stelle es auf dem Tisch ab.

Du kannst dich erneut umschauen. An der großen Fensterfront, die in den Garten führt, ist eine Tür. Öffne die Tür und gehe nach draußen.

Du bist herrlich aufgewärmt vom Kamin, und so ist die kühle Abendluft sehr angenehm in deinem Gesicht. Spüre die Kühle in deinem Gesicht.

Draußen im Garten ist der Holzstapel angezündet und brennt ganz wunderbar.

Du kannst dich vor das brennende Feuer stellen. Das Feuer schenkt dir Energie – viel Lebensenergie und Kraft – viel Kraft für dein Leben.

Nimm die Energie des Feuers auf.

Vielleicht beginnst du, die Energie in deinen Körper aufzunehmen, und dein Körper bewegt sich. Dein Energiekörper bewegt sich und tanzt. Stell es dir vor, du tanzt vor dem Feuer.

Vielleicht sanft schwingend – vielleicht schenkt dir das Feuer auch so viel Energie, dass du wild zu tanzen beginnst. Dein Energiekörper bewegt sich von allein. Schnell oder langsam. Sanft oder wild. So wie es für dich passt.

Tanze zum Feuer.

Tanze deine Lebensenergie.

Du kannst unendlich viel Energie vom Feuer bekommen. Nimm die Energie und lass sie in deinen Körper fließen.

Tanze.

Mit der Energie des Lebens erschaffen wir unser Leben.

Wir sind die Erschaffer unseres Lebens.

Wir sind die Götter unseres Lebens.

Wir sind selbstwirksam.

Wir wirken aus uns heraus.

Tanze und spüre die Energie.

Spüre die Freude.

Und die innere Energie.

Lass deinen Energiekörper nun langsamer werden.

Und ausschwingen.

Bleibe ruhig vor dem Feuer stehen. Dein Lebensfeuer. Spüre die Wärme des Feuers – spüre die Wärme deiner Bewegungen. Nimm es wahr.

Und dann löse dich vom Feuer.

Geh durch die Tür zurück in den Raum – und an den Tisch. Nimm dein Geschenk in die Hand. Entstanden aus deiner Schaffenskraft. Du kannst stolz auf dich sein. Auf dein Leben, auf deine Schaffenskraft.

Du kannst das Geschenk – den Gegenstand, den du erschaffen hast, mit zurücknehmen. In deinem Herzen mitnehmen.

Es wird nun langsam Zeit, zurückzukommen. Aus dem Raum zurück in den realen Raum. In deinen Körper.

Spüre einmal zu deinem Körper – zu deinem physischen Körper. Er sitzt hier ruhig und friedlich.

Spüre zu deinem Atem. Zum sanft fließenden Atem.

Nimm die Ruhe in deinem Körper wahr.

Du füllst deinen Körper wieder vollständig aus. Spüre deinen Körper.

Du kannst ihn sanft bewegen. Kleine sanfte Bewegungen. Spüre deinen Körper. Lass die Augen noch geschlossen.

Wenn du magst, kannst du deine Hände zum Namaste vor deinem Herzen zusammenführen. Daumen am Brustbein.

Vielleicht kannst du den sanften schlagenden Herzschlag wahrnehmen.

In der Reise konntest du die Selbstliebe spüren. Du kannst dir vorstellen, dass jeder Herzschlag deines Herzens ein Liebesbeweis an dich ist. Nimm diese Vorstellung mit in deinen Alltag. Falls du mal stolperst oder zweifelst, verbinde dich mit deinem schlagenden Herzen und stell dir vor, dass du mit jedem Herzschlag die Selbstliebe zu dir größer werden lässt.

Und wenn du magst, umarme dich einmal selbst. Schlinge die Arme um deinen Oberkörper. Du kannst dir jederzeit Geborgenheit und Wärme schenken.

Umarme dich selbst. Schenke dir Geborgenheit. Schenke dir die Liebe deiner inneren Mutter.

Und dann lege deine Hände in deinem Schoß ab. Die Handflächen nach oben. Erinnere dich an das Geschenk, dass du auf der Reise mit deinen Händen erschaffen hast. Deine Hände haben diesen Gegenstand kreiert.

Kannst du dich erinnern, was es war? Vielleicht war es ein Symbol – vielleicht war es etwas Abstraktes – vielleicht etwas Konkretes. Nimm das Geschenk an. Vielleicht hast du es bereits in deinem Leben erschaffen – vielleicht wirst du es in nächster Zeit kreieren.

Es ist eine Botschaft aus deinem Herzen – aus deinem tiefen Innersten. Du kannst es dankbar annehmen.

Und nun beginne, tiefer zu atmen. Wecke deinen Körper auf.

Recke dich – strecke dich.

Öffne deine Augen und sei zurück im Hier und Jetzt.

Schau dich in deinem Raum um und komm vollständig zurück.

Vielleicht magst du auch kurz aufstehen und mehr Energie in deinen Körper bringen. Erinnere dich an den Tanz auf der Reise. Lass diese Energie in deinen Körper fließen.

Ich wünsche dir für die nächste Zeit Selbstliebe, viel Freude mit deinem Geschenk und jede Menge Energie, um deine Herzenswünsche umzusetzen.

Wir sind die Götter unseres Lebens.

Namaste.

Lebensenergie auf der Wiese spüren

Stell dir vor, du stehst barfuß auf einer wunderschönen Wiese. Es ist ein wunderschöner Sommermorgen. Es ist noch angenehm kühl. Auf der Wiese sind die Trautropfen zu sehen.

Spüre zu deinen Füßen und nimm die Verbindung zur Erde wahr. Zu Mutter Erde.

Geh einen Schritt über die Wiese. Hebe bewusst deinen Fuß an, rolle ihn ab und setze ihn behutsam wieder auf.

Dann roll deinen anderen Fuß ab, streck ihn nach vorne und berühre wieder den Boden.

Bleibe für einen Moment stehen. Beide Füße in Schrittstellung am Boden.

Spüre die Erdung. Verbinde dich mit Mutter Erde.

Lenke die Aufmerksamkeit auf das Gras mit den Tautropfen. Deine Füße sind etwas feucht geworden. Es fühlt sich angenehm frisch an.

Du kannst die Erde und das Wasser spüren.

Und du kannst auch die Luft spüren, die dich und auch deine Füße umgibt.

Spüre die Erde, spüre das Wasser und spüre die Luft.

Mit Hilfe dieser Elemente und der Energie der Sonne erhalten die Pflanzen auf der Wiese ihre Lebenskraft. Sie ziehen Nährstoffe aus dem Boden, das Wasser lässt sie wachsen und sie produzieren den für uns so wichtigen Sauerstoff.

Diese Elemente schenken uns so viel Leben und Energie. Spüre diese Elemente an deinen Füßen.

Erde.

Wasser.

Luft.

Sonne.

Geh weiter über die Wiese. Setze deine Schritte behutsam und bewusst nach vorne.

Nach vorne und abrollen.

Nach vorne und abrollen.

Gehe langsam über die Wiese. Nimm jeden Schritt achtsam wahr.

Stell dir vor, dass du mit jedem Schritt die Energie aus dem Boden in deinen Körper aufnimmst.

Du setzt den Fuß auf, nimmst die Energie aus dem Boden. Setzt den Fuß erneut auf, du nimmst die Energie aus dem Boden.

Und weiter. Jeder Schritt schenkt dir Energie aus dem Boden.

Bleibe erneut stehen. Stell dich aufrecht hin – auf beide Füße.

Spüre, dass die Energie aus dem Boden über deine Füße, deine Beine, dein Becken, deinen Bauch, deinen Oberkörper, deine Schultern, deine Arme und deinen Kopf in deinen Körper fließt.

Nimm die Energie des Bodens in deinem gesamten Körper auf.

Füll deinen Akku auf – mit der Energie des Bodens.

Spüre die Energie in deinem gesamten Körper.

Vielleicht kannst du es als Vibrieren – als ein leichtes Fließen wahrnehmen.

Spüre die Energie.

Komm mit der Energie in deinem Körper wieder zurück.

Kraft von Vulkanen

Ich fliege regelmäßig nach Lanzarote und lass mich dort von der faszinierenden Landschaft inspirieren. So ist diese Meditation entstanden. Falls es für dich passt, kannst du vor der Meditation erwähnen, dass die Vulkane natürlich nicht ausbrechen können.

Stell dir einmal vor, du stehst auf einer weiten Ebene. Du kannst in die Ferne schauen. Direkt vor dir eröffnet sich ein weites Feld, das mit vielen schwarzen Steinen bedeckt ist. Es ist Vulkangestein. In der Ferne kannst du grüne Hügel erkennen.

Es ist ein wunderbar warmer Tag – ein leichter Wind weht und kann deine Haut streicheln.

Zwischen den Vulkangesteinen ist ein kleiner Pfad, den du entlang gehen kannst. Geh ein Stück den Pfad entlang und schau dir die vielen Steine links und rechts an. Vielleicht möchtest du dir das Vulkangestein näher anschauen. Die schwarzen Steine haben viele Löcher und liegen locker übereinander. Fast sieht es aus, als hätte ein Kind sie achtlos hingeworfen.

Vielleicht möchtest du auch einen der Steine in die Hand nehmen. Such dir einen Stein aus und hebe ihn hoch. Er ist viel leichter, als er aussieht. Durch die Sonne ist der Stein wunderbar aufgewärmt. Fühle für einen Moment die Wärme des Steins in deiner Hand.

Dieser Stein ist ein Zeitzeuge von Ereignissen, die lange vor deiner Geburt an dieser Stelle stattgefunden haben. Sie sind die Überreste eines uralten Vulkans, der schon lange erloschen ist. Vielleicht kannst du die Kraft und Stärke, die von diesem Stein ausgeht, wahrnehmen.

Spüre Kraft.

Spüre Stärke.

Kraft unserer Erde.

Du kannst die Kraft des Steines in dich aufnehmen.

Kraft.

Stärke.

Leg den Stein nun wieder zurück. Du kannst weiter auf dem Pfad zwischen dem Vulkangestein entlang gehen. Du kannst deinen Blick heben und zu den grünen Hügeln schauen. Bewege dich weiter auf die Hügel zu.

Diese Hügel sind die erloschenen Vulkane, die mittlerweile von grünen Pflanzen wie Moosen, Farnen und kleinen Blumen überzogen sind.

Du kommst den Hügeln näher. Ganz leicht und sanft bewegst du dich auf die wunderschönen grünen Hügel zu.

Du stehst nun am Rande einer der grünen Vulkane. Er steht wunderschön und majestätisch vor dir.

Du kannst sehen, dass ein kleiner Pfad in sanften Biegungen nach oben führt. Du kannst dem Pfad weiter folgen. Es geht leicht bergauf, und es ist ganz leicht und einfach, nach oben zu kommen. Fast fliegst du diesen majestätischen Vulkan hinauf.

Leicht und wunderbar.

An den Moosen, Farnen und kleinen Blumen vorbei. In den grünen Pflanzen tummeln sich kleine Tiere. Vögel hüpfen umher und piepsen fröhlich vor sich hin. Voller Leben und Leichtigkeit.

Oben angekommen, bist du auf dem breiten Rand des Vulkans. Du kannst in die Mitte des Vulkans schauen, und auch hier blüht die Natur. In der Wärme und dem Schutz des Vulkans haben sich größere Pflanzen entwickelt. Du kannst verschiedene Büsche, Sträucher und auch kleine Bäume erkennen. Die Natur blüht und bringt neues Leben.

Wenn du magst, kannst du dir einen schönen Platz suchen und dich hinsetzen. Vielleicht liegt dort ein schöner Stein, der durch die Sonne aufgewärmt ist.

Spüre zu der Wärme des schwarzen Steins. Und spüre zu dem Leben, das sich hier entwickelt hat.

Pflanzen.

Tiere.

Lebendigkeit.

Spüre zu dieser Lebendigkeit.

Nimm sie tief in dein Herz auf.

Spüre die Lebendigkeit.

Leben.

Neubeginn.

Hier oben auf dem Rand des Vulkans kannst du den Wind stärker spüren. Es ist ein warmer Wind, der über deine Haut streichen kann. Spüre die Wärme des Steins und die Wärme des Windes.

Der Wind kann uns Leichtigkeit schenken.

Vielleicht kannst du die Leichtigkeit spüren.

Leichtigkeit.

Leicht wie eine Feder.

Spüre die Leichtigkeit.

Federleicht.

Du sitzt weiter auf dem Stein am Rande des Vulkans. Du kannst aufstehen und auf dem Vulkanrand weitergehen. Schau dich noch einmal um. Auf der einen Seite ist der Weg, auf dem du hier hochgekommen bist. Du kannst den Pfad genau erkennen: erst als grauer Streifen zwischen den Vulkangesteinen und am Hügel als grüner Streifen zwischen dem blühenden Leben.

Auf der anderen siehst du die Pflanzen innerhalb des Vulkans.

Hebe deinen Blick und schau weiter über das Land hinweg. Auf der anderen Seite des Vulkans kannst du das Meer erkennen.

Es ist leicht, weiterzugehen.

Der Pfad führt noch ein Stück am Rande des Vulkans entlang, dann macht er eine Biegung und führt in sanften Biegungen den Hügel wieder herunter – Richtung Meer.

Das Meer kommt mehr und mehr in dein Blickfeld hinein.

Auch auf dieser Seite kannst du sehen, dass sich Vulkangestein durch die Landschaft zieht. In einem breiten schwarzen Streifen ergießt sich das Vulkangestein bis ins Meer hinein.

Dein Pfad führt bergab und du kommst dem Meer näher.

Wenn du magst, bleib einmal stehen und genieße den Ausblick, den du von hier hast. Der sanfte grüne Hügel, das tiefschwarze Vulkangestein, das aussieht, als würde es sich ins Meer ergießen. Und dahinter das weite blaugrüne Meer, darüber der strahlend blaue Himmel mit einzelnen weißen Wolken. Ein wunderschöner Anblick: Klar und strahlend in seinen Kontrasten von blau, grün, schwarz und weiß.

Weiß ist auch die Gischt, die die Wellen am Rande des Meeres entstehen lassen. Schau den Wellen eine Weile zu.

Sie rollen heran, prallen auf das Vulkangestein, das sich ins Wasser ergießt, und spritzen weit nach oben. Das Wasser verteilt sich über das Gestein und fließt langsam wieder ab. In einem steten Rhythmus. Spüre auch hier die Kraft der Natur.

Diese Kraft kannst du tief in deinem Herzen aufnehmen. Die Kraft der Natur kann dir innere Kraft schenken.

Du stehst oberhalb des Meeres und schaust auf die Kraft des Meeres. Du kannst den Pfad noch weitergehen. Er führt den Vulkan herunter, am Vulkangestein vorbei zu einer kleinen Bucht. Der Sand in dieser Bucht ist schwarz. Ein wunderschöner Kontrast zu dem blaugrünen Meer, das hier in sanften Wellen an den Strand spült.

Suche dir auch hier noch einen schönen Platz und schau den Wellen zu.

Sie rollen heran und laufen am schwarzen Strand aus.

Ein stetes Kommen und Gehen. Genieße diesen Anblick – genieße diesen Moment für eine Weile. Ein wunderbares Fließen, das dir Ruhe schenken kann.

Fließen.

Ruhe.

Du sitzt am schwarzen Strand und schaust den Wellen zu.

Es wird nun langsam Zeit, zurückzukommen.

Erinnere dich an die kleine Reise – beginnend auf der anderen Seite des Vulkans, über den Vulkan bis hier zum Strand.

Auf der Reise konntest du Kraft, Leichtigkeit und Ruhe spüren. Vielleicht kannst du diese Elemente mit zurück in den Alltag nehmen.

Kraft der Natur.

Leichtigkeit des Windes.

Ruhe des Meeres.

Waldspaziergang

Wir unternehmen nun eine kleine Phantasiereise. Stell dir einmal vor, du stehst am Rande eines wunderschönen Waldes. Es ist ein herrlich warmer Tag. Die Sonne scheint vom blauen Himmel.

Lenke die Aufmerksamkeit auf deine Haut. Die Sonne scheint auf deine Haut und wärmt dich.

Nimm die Wärme der Sonne auf deiner Haut wahr.

Wunderbar warm und angenehm.

Du kannst die Wärme und das Licht der Sonne in deinen Körper aufnehmen.

Spüre die Wärme und das Licht außen und auch innen.

Du kannst dich mit der Wärme und dem Licht innerlich aufladen.

Innere Wärme.

Inneres Licht.

Strahlendes Licht.

Spüre das Licht in dir.

Du stehst am Waldrand in der Sonne und kannst am Waldrand entlang gehen. Auf der einen Seite kannst du weit über ein Feld schauen, und auf der anderen Seite kannst du den Wald mit den Bäumen, Büschen und Sträuchern sehen. Ein wunderschönes Bild.

Nimm das Bild des grünen Waldes und der Weite des Feldes wahr.

Lass deinen Blick streifen.

Herrlich grüner Wald.

Wunderbar weites Feld.

Lenke die Aufmerksamkeit auf deinen Herzraum und nimm hier das Grün des Waldes und die Weite des Feldes auf.

Du kannst deinen Herzraum weiten.

Das herrliche Grün des Waldes kann dein Herz berühren.

Lenke die Aufmerksamkeit auf deine Füße. Nimm bewusst wahr, dass du auf dem Weg entlang gehst. Vielleicht kannst du das Geräusch der Schritte auf dem Weg hören.

Lenke die Aufmerksamkeit nun auf deine Ohren und lausche in den Wald.

Du kannst dort die verschiedenen Vögel hören. Ein Specht klopft regelmäßig an den Baum. Die anderen Vögel singen fröhliche Lieder.

Lass die Lieder der Vögel dein Herz berühren.

Du kannst dein Herz öffnen und die Lieder tief in dich aufnehmen.

Vielleicht kannst du den Gesang tief in dir spüren.

Wunderschöner, fröhlicher Gesang in dir.

Lass dein Herz singen und jubilieren. Stell es dir einfach vor.

Singen.

Weiten.

Jubilieren.

Komm nun langsam von deinem kleinen Waldspaziergang wieder nach außen. Du kannst dein singendes, jubilierendes Herz mitnehmen.

Schwimmen mit einem Wal

Wir unternehmen nun eine kleine Phantasiereise.

Stell dir vor, du stehst an einem wunderschönen Sandstrand in einer kleinen Bucht. Es ist Sommer – wunderbar warm. Der Himmel ist strahlend blau. Sie Sonne scheint.

Die Sonne kann dich wärmen.

Spüre die Wärme der Sonne in deinem Gesicht.

Links und rechts der Bucht stehen grüne Bäume und Büsche. In der Mitte ist das Meer. Das Wasser ist klar und schimmert in grün und blau.

In einiger Entfernung schwimmen Delfine im Wasser. Sie springen mit großer Freude aus dem Wasser heraus und verschwinden wieder.

Zwischen den Delfinen schwimmt ein Wal. Sein mächtiger Rücken glänzt in der Sonne. Er bläst Wasser in die Luft, so dass kleine Regenbögen über ihm entstehen.

Wenn du willst, kannst du über den Strand zum Wasser gehen.

Die Luft ist erfüllt vom salzigen Geruch des Wassers. Du kannst das Salz riechen und schmecken.

Im Wasser liegen große Felsen. Sie ragen zum Teil aus dem Wasser heraus. Am Strand läuft das Wasser in sanften Wellen aus. Du kannst das Rauschen des Meeres hören.

Du kannst näher an das Wasser herangehen

und hineingehen.

Das Wasser ist wunderbar warm und umspült deine Füße.

Du kannst weiter ins Wasser gehen. Das Wasser wird langsam tiefer.

Es umspült deine Unterschenkel,

deine Knie,

deine Oberschenkel,

bis es dir zu deiner Hüfte geht.

Deine Hände können ebenfalls ins Wasser tauchen.

Du kannst deine Hände durch das warme Wasser gleiten lassen.

Spüre das Wasser an deinen Händen.

Wenn du magst, kannst du dich nun ganz ins Wasser gleiten lassen und schwimmen.

Das Wasser trägt dich und du kannst dich ganz leicht durch das Wasser gleiten lassen. Du kannst dich schwerelos fühlen.

Du schwimmst ein Stückchen weiter.

In der Ferne siehst du die Delfine und den Wal. Ganz langsam und gemächlich zieht er in großen Kreisen durch das Wasser.

Ganz langsam schwimmt der Wal auf dich zu. Er streckt seinen Kopf aus dem Wasser und schaut dich mit seinen ruhigen, großen Augen an.

Er schwimmt weiter auf dich zu.

Und du kannst dich ihm auch weiter nähern.

Ihr schwimmt nun Seite an Seite und du kannst in eines seiner großen Augen schauen. Du kannst in seinen Augen viel Liebe und Frieden erkennen.

Du kannst deine Hand ausstrecken und seine Haut berühren. Sie fühlt sich wunderbar an.

Du kannst spüren, dass der Wal dir etwas zeigen möchte.

Er lädt dich ein, auf seinem Rücken Platz zu nehmen.

Du kannst dich auf den mächtigen Rücken legen. Wenn du magst, kannst du eine Wange und ein Ohr auf seinem Rücken ablegen.

Gemeinsam gleitet ihr nun durch das Wasser. Der mächtige Körper des Wals strahlt ganz viele Ruhe und Sanftheit aus.

Du kannst diese Ruhe spüren.

Spüre die Ruhe.

Spüre die Sanftheit.

Gemeinsam gleitet ihr friedlich durch das Wasser.

Der Wal schwimmt auf eine kleine Insel zu.

Als ihr näher herankommt, kannst du am Strand einen Steg erkennen.
Und auf dem Steg eine Person.

Ihr schwimmt langsam näher heran.

Du kannst dich etwas aufrichten.

Die Person hebt einen Arm und winkt dir zu.

Ihr kommt noch näher heran und du entdeckst, dass du diesen Menschen kennst. Es ist jemand, den du schon lange nicht mehr gesehen hast.

Die Person lächelt dich an und freut sich, dich zu sehen. Das kannst du fühlen.

Ihr seid nun am Steg angekommen. Die Person streckt ihren Arm aus, und du kannst auf den Steg klettern.

Ihr steht nun direkt voreinander. Du kannst dieser Person ein Lächeln schenken und ihr in die Augen schauen.

Ihr könnt euch in den Arm nehmen, fest drücken und freuen, dass ihr euch wiederseht.

Ihr steht voreinander und haltet euch an den Händen. Die Person schenkt dir viel Freude und Liebe.

Fühle die Freude und ihre Liebe. Sie berührt dich.

Auch du darfst dein Herz öffnen und ihr deine Liebe schenken.

Lass deine Liebe einfach fließen.

Lass die Liebe fließen.

Du kannst spüren, dass die Person, dir etwas sagen möchte. Du kannst sie auch aufmuntern und ihr eine Frage stellen.

Dann höre ihr einfach nur zu. Vielleicht kommt die Antwort in Worten oder in Bildern. Nimm es einfach wahr.

[längere Pause]

Ihr steht gemeinsam auf dem Steg am Wasser.

Ihr haltet euch an den Händen und schaut euch liebevoll an. Es ist ein wunderbar friedlicher Moment.

Dein Wal liegt weiter ruhig im Wasser. Du kannst spüren, dass ihr nun weiterziehen wollt.

Du schaust der Person nochmal in die Augen, und ihr nehmt euch liebevoll in den Arm. Vielleicht möchtest du dich bei ihr für das Erlebnis bedanken.

Du kletterst wieder auf deinen Wal. Du kannst dich so auf ihn legen, so dass du in den Himmel schauen kannst.

Du kannst deinen Kopf nochmal anheben und der Person zuwinken.

Über dir erstreckt sich ein wunderschöner blauer Himmel. Ein paar weiße Schleierwolken ziehen vorbei.

Du kannst die sanften Bewegungen des Wales und des Meeres wahrnehmen. Ein ruhiges und liebevolles Schaukeln. Du kannst dich eins mit dem Meer und dem Wal fühlen.

Spüre nun der Begegnung mit der Person nach. Nimm es wahr.

[längere Pause]

Du liegst auf deinem Wal und ihr schwimmt mit sanften Bewegungen durch das Meer.

Der Wal schwimmt langsam auf die Bucht zu. Du kannst die Bäume an den Seiten erkennen und den Strand.

Du kannst dich langsam in das warme Wasser gleiten lassen. Mit einem Arm berührst du weiterhin den Wal. Du kannst seine Haut streicheln und dich bei ihm für das Erlebnis bedanken.

Du kannst dich nun vollständig ins Wasser gleiten lassen. Der Wal schaut dich mit seinen großen Augen an und schwimmt zurück aufs Meer. Du kannst spüren, dass er sehr glücklich ist, dass er dich begleiten durfte.

Du kannst zum Strand schwimmen.

Schon bald spürst du den Boden unter deinen Füßen. Du kannst auf dem weichen Sand durch das flache Wasser gehen.

Das Meer rauscht und die Wellen laufen am Strand aus.

Am Strand angekommen, kannst du dich in den Sand setzen. Die Sonne wärmt und trocknet dich. Spüre das Salz des Wassers und die wohlige Wärme der Sonne auf deiner Haut.

Du kannst auf das Meer schauen. Am Horizont kannst du die Insel und den Wal erkennen.

Spüre noch einmal in deinen Herzraum. Du kannst dort den Frieden und die Liebe spüren, die dir geschenkt wurden.

Du fühlst dich nun richtig schön wohl.

Nimm dieses Gefühl mit zurück in den Tag.

Es wird nun Zeit, dass du zurückkehrst.

In den Tag.

In den Raum.

Auf deine Matte.

Spüre den Boden unter deiner Matte. Er schenkt dir viel Frieden und Geborgenheit.

Spüre den Frieden.

Nimm deinen Körper wahr.

Mehr Leichtigkeit im Leben

Diese Meditation ist vollständig mit Atembeobachtung und Zurückkommen.

Wenn du magst, schließe deine Augen.

Lenke die Aufmerksamkeit auf deinen Körper.

Nimm wahr, ob du gut sitzt oder liegst. Richte alles so, dass du es bequem hast.

Lenke die Aufmerksamkeit nun auf deinen Atem.

Vielleicht magst du noch ein paar Mal tief ein- und ausatmen. Komm mit jedem Atemzug mehr und mehr bei dir an.

Lass den Atem dann fließen. Dein Körper atmet und du beobachtest.

Beobachte den sanften Strom des Atems an den Nasenlöchern.

Frischer Atem strömt in deinen Körper. Verbrauchter Atem verlässt deinen Körper. Beobachte das für einen Moment.

Frische in den Körper.

Verbrauchte Luft aus dem Körper.

Vielleicht kannst du dir vorstellen, dass du mit dem frischen Atem auch die Leichtigkeit einatmest.

Ein leichtes, schwebendes, erfrischendes Gefühl einatmen.

Das leichte Gefühl kann sich in deinem Körper ausbreiten.

Leichtigkeit einatmen.

Du brauchst es dir nur vorzustellen.

Leicht.

Schwebend.

Frisch.

Lenke die Aufmerksamkeit nun auf den Ausatem. Mit dem Ausatem kann alles Verbrauchte und Schwere deinen Körper verlassen.

Stell es dir vor, dass du ausatmest, was du nicht mehr benötigst. Es darf deinen Körper nun verlassen.

Du kannst es loslassen.

Mit dem Ausatmen.

Atme aus.

Lass alles Schwere – Verbrauchte einfach aus deinem Körper herausfließen. Es darf leicht sein.

Spüre in deinen Körper hinein. Fühle, an welchen Stellen du bereits Leichtigkeit fühlst und spüre die Stellen, an denen es sich schwerer oder auch dunkler anfühlt.

Stell dir bei jedem Atemzug vor, dass du die dunklen, schweren Stellen ausatmest und du mit dem Einatem mit frischer, leichter Energie die Stellen aufhellst.

Lass mit jedem Atemzug mehr los.

Komm in die Leichtigkeit.

Lass los.

Leichtigkeit.

Wir unternehmen nun eine kleine Phantasiereise. Stell dir einmal vor, du stehst an einem wunderschönen Strand. Ein wunderschön blaues Meer breitet sich vor dir aus. Der Strand besteht aus wunderschönem weißem Sand. Der Strand ist umsäumt von einem herrlich grünen Baumbestand, der an einem sanften Hügel liegt.

Du kannst auf das Meer schauen – auf das weite blaue Meer. Die Sonne scheint vom Himmel und wärmt dich. Ein sanfter Wind weht über deine Haut. Das kannst du spüren.

Lenke die Aufmerksamkeit auf deinen Körper. Spüre, wo in deinem Körper, du die Weite des Meeres aufnehmen kannst. Vielleicht im Bauchraum oder im Herzen oder an einer anderen Stelle. Öffne dich der Weite des Meeres. Nimm die Weite des Meeres tief in dich auf.

Weite des Meeres.

Lass Weite in dir entstehen.

Du kannst dich am Strand einmal umschauen. Es gibt einen Steg über das Wasser, an dem ein Luftkissenboot anliegt. Du kannst zu diesem Steg hingehen und auf den Steg gehen. Du kannst ein Stück über das Meer gehen bis zum Boot.

Du kannst das Boot betreten und es dir hier gemütlich machen. Es ist mit Kissen und Decken für dich vorbereitet.

Vielleicht magst du dich in das Boot legen oder setzen. Du bist hier sicher.

Sobald du Platz genommen hast, legt das Luftkissenboot ab. Es unternimmt eine kleine Fahrt über das Meer. Sanft schaukelt es durch die Wellen des Meeres.

Genieße die Fahrt. Du kannst dir den frischen Wind um die Nase wehen lassen.

Der Wind kann dir Leichtigkeit schenken.

Lass dich vom Wind des Meeres durchfluten.

Durchfluten mit Leichtigkeit.

Genieße die Fahrt über das wunderschöne blaue Meer.

Die Leichtigkeit des Meeres.

Das sanfte Schaukeln des Wassers.

Genieße.

Spüre.

Die Leichtigkeit des Meeres.

Das Luftkissenboot fährt in einem großen Bogen über das Meer und zurück Richtung Strand. Zurück über das schaukelnde Meer. Genieße es noch für einen Moment.

Am Strand angekommen, kannst du bequem sitzen oder liegen bleiben. Das Boot kann auch an Land schweben.

Das Boot schwebt zum Strand und über den Strand Richtung der sanften Hügel mit Bäumen. Es fühlt sich nun noch leichter an, weil es durch die Luft schwebt.

Du kannst nun sehen, dass hinter den Hügeln höhere Berge zu sehen sind. Das Boot schwebt leicht über einen breiten Weg die Hügel hinauf.

Genieße auch diese Fahrt durch den Wald. Die herrlich grünen Bäume auf beiden Seiten heben sich wunderschön vom strahlend blauen Himmel ab.

Vielleicht kannst du den wunderbaren Geruch des Waldes riechen und in dich aufnehmen.

Frischer grüner Wald.

Das Boot schwebt weiter und der Weg führt weiter bergan. Du kannst die Bäume sehen und den Himmel.

Vielleicht hast du das Gefühl durch die Fahrt nach oben, dem Himmel etwas näher zu kommen.

Auch der Himmel steht für Leichtigkeit und Weite.

Öffne dich dem Himmel.

Genieße die leichte Fahrt nach oben. Du schwebst weiter nach oben.

Es geht weiter und weiter den Berg hinauf.

Der Wald lichtet sich etwas, und es werden weniger Bäume.

Schließlich fährst du über wunderschöne Wiesen weiter hinauf.

Auf den Wiesen stehen Kühe und grasen gemütlich. Ein wunderbares Bild.

Die Spitze des Berges kommt in dein Blickfeld. Das Luftkissenboot schwebt bis nach oben und bleibt auf einer herrlichen Blumenwiese auf der Spitze des Berges stehen.

Du kannst absteigen und dir einen schönen Platz auf der Wiese suchen. Von hier aus hast du einen herrlichen Blick über die Wiese, die tiefer gelegenen Berge und Hügel, die Wälder und in der Ferne das Meer.

Lass diesen wunderbaren Blick auf dich wirken.

Von hier oben kannst du noch mehr Weite und auch Leichtigkeit spüren.

Nimm die Weite wahr.

Die Leichtigkeit.

Leicht und schwebend.

Vielleicht hast du mittlerweile selbst das Gefühl zu schweben.

Du hast von hier einen Überblick über die Welt, die vor dir liegt. Über die Landschaft – über das Meer.

Vielleicht hast du hier auch einen Überblick über dein Leben. Nimm die Weite und die Leichtigkeit im Außen in dein Innerstes auf.

In deinen Herzraum – in dein Herz.

Spüre tief in dein Herz und fühle dort die Leichtigkeit.

Nimm die Leichtigkeit tief in dein Herz auf.

Leichtigkeit in deinem Herzen. Ganz tief in dir.

Lass in deinem Herzen Bilder von Leichtigkeit entstehen. Bilder aus deinem Leben, die du mit Leichtigkeit verbindest.

Wo in deinem Leben hast du bereits Leichtigkeit?

Bei welchen Tätigkeiten spürst du Leichtigkeit?

Lass die Bilder der Leichtigkeit in deinem Herzen entstehen.

Leichtigkeit.

Bilder der Leichtigkeit.

Weite im Herzen.

Lass dich von deinem Herzen überraschen, welche Bilder entstehen.

[längere Pause]

Du sitzt weiter auf der wunderschönen Wiese auf dem Berg mit wundervollen Blumen ringsum dich herum.

Lass deinen Blick noch einmal über die Landschaft streifen.

Die sanften grünen Hügel unter dir.

Der Wald mit Bäumen.

Der Weg, der dich nach oben gebracht hat.

Die Weite des Meeres in der Ferne.

Der sanfte Wind – die wärmende Sonne.

Genieße für einen Moment diesen Augenblick und den Ausblick.

Genieße es. Lass dich verführen von der wunderschönen Landschaft.

[längere Pause]

Du sitzt weiter auf der Wiese und kannst dich auf der Blumenwiese einmal umschauen. Hier wachsen wunderschöne bunte Blumen – in den herrlichsten Farben.

Und zwischen den Blumen wachsen Pusteblumen.

Wenn du magst, kannst du zu einer Pusteblume gehen und dich vielleicht nach vorne beugen oder dich vor die Blume legen. Und dann schau sie dir an. Die wunderschönen kleinen weißen Fallschirme, die sich von der Mitte der Blume nach außen strecken.

Und dann puste sie einmal an. Du kannst sie sanft oder auch kräftig anpusten.

Schau zu, wie die die kleinen Fallschirme in alle Richtungen schweben.

Ganz sanft und leicht schweben sie über die Wiese. Du kannst mehrmals pusten, bis sich alle kleinen Fallschirme auf den Weg gemacht haben.

Der Wind trägt sie weiter.

Schau den kleinen Fallschirmen zu, wie sie durch die Luft schweben.

Wunderbar leicht. Schwebend.

Nimm die Leichtigkeit der Pusteblumen in dein Herz auf.

Du kannst dich leicht wie eine Pusteblume fühlen.

Leicht.

Sanft schwebend.

Wunderbar.

Lenke die Aufmerksamkeit noch einmal auf dein Innerstes – auf deinen Herzraum. Fühle das leichte Schweben in deinem Herzen.

Und lass ein Bild von einem Ort entstehen, an dem du ebenfalls Leichtigkeit spürst.

Lass dein Herz sprechen.

Mit welchem Ort, den du kennst, verbindest du Leichtigkeit?

Stell dir diesen Ort, den du mit Leichtigkeit verbindest, in allen Facetten vor.

Wie sieht es dort aus?

Wie sieht dein Ort der Leichtigkeit aus?

Wie fühlt er sich an? Kannst du diesen Ort spüren – fühlen?

Wie riecht dein Ort der Leichtigkeit? Gibt es einen bestimmten Ort, den du mit diesem leichten Ort verbindest?

Nimm den Ort deiner inneren Leichtigkeit mit allen Sinnen ganz tief auf.

Mit jeder Facette deines Körpers kannst du diesen Ort spüren – riechen – anschauen.

Reise nun wieder zurück auf die Blumenwiese auf dem Berg.

In deinem Herzen hast du Bilder von Tätigkeit, die dir Leichtigkeit schenken und einen Ort, an dem du Leichtigkeit spürst, gesehen.

Nimm diese Bilder und auch die Leichtigkeit, die du auf dieser Reise gespürt hast, mit zurück.

Wir sind nun am Ende unserer kleinen Reise und es wird ganz langsam Zeit, zurückzukommen.

Schau dich noch einmal oben auf der Wiese um. Verabschiede dich von der Wiese, vom Luftkissenboot, das uns hier hochgebracht hat, vom Berg, von den Wäldern und vom Meer.

Und erinnere dich – du kannst jederzeit an diesen Ort der Leichtigkeit zurückkehren.

Der Ort ist in dir.

Komm langsam zurück in den Raum, in dem du bist.

In deinen Körper.

Spüre deinen Körper.

Du sitzt oder liegst auf deinem Platz.

Du füllst deinen Körper wieder vollständig aus.

Nimm den Boden unter deinem Körper wahr.

Spüre zu deinem Atem. Dein sanft fließender Atem.

Erinnere dich daran, dass auch dein Atem dir Leichtigkeit schenken kann. Mit jedem Atemzug kann Leichtigkeit in deinen Körper fließen.

Lass die Augen gerne noch einen Moment geschlossen.

Beginne nun tiefer einzuatmen und wecke deinen Körper über den Atem sanft und liebevoll wieder auf.

Lass deinen tiefen Atem in deinen ganzen Körper fließen.

Bewege die Hände und Füße – Arme und Beine.

Mach all die Bewegungen, die dir jetzt gut tun.

Erinnere dich noch einmal an die Bilder der Reise. Die Bilder, die dir im Leben Leichtigkeit schenken.

Und dann komm mit diesen Bildern nach außen und öffne die Augen.

Herzlich Willkommen zurück.

Innerlich fliegen

Diese Meditation ist für das ananda happiness Yogafestival entstanden. Als Geschenk für die Teilnehmer-innen eignen sich bunte Federn, die du im Bastelladen findest.

Wir unternehmen nun eine kleine Phantasiereise.

Stell dir einmal vor, du stehst auf einer wunderschönen Waldlichtung. Es ist ein wunderbar angenehmer Sommertag. Die Sonne strahlt vom blauen Himmel, und es geht ein herrliches Lüftchen.

Vielleicht kannst du das sanfte Streichen der Luft und die Wärme der Sonne auf deiner Haut spüren.

Spüre.

Du stehst auf einer wunderschönen Blumenwiese mit vielen bunten Blumen. Große gelbe Sonnenblumen und kleine Blümchen in allen erdenklichen Farben, die alle ihre Köpfe der Sonne entgegenstrecken. Rings um die Wiese stehen grüne Büsche und hohe Bäume. Zwischen den Büschen und Bäumen hopsen kleine Hasen und flinke Eichhörnchen umher. Über die Wiese fliegen Schmetterlinge und kleine bunte Vögel.

Du kannst dich auf der Wiese umschauen und dir einen schönen Platz suchen – in der Sonne oder auch im Schatten der Bäume. Vielleicht magst du auf einem Stein oder einem Baumstamm sitzen oder du setzt dich direkt auf die Wiese.

Du kannst die Blumen und bunten Vögel um dich herum beobachten. Die Vögel fliegen in der Luft und hopsen auf der Erde herum. Es sind kleine Paradiesvögel mit herrlich bunten Federn.

Ein kleiner Vogel hopst direkt vor dir herum. Es sieht lustig aus, wie er fast etwas tollpatschig auf seinen zwei Beinchen über die Wiese, die kleinen Steine und Blümchen hopst. Er hat zwei kleine schwarze Knopfaugen, mit denen er dich anschaut. Er dreht seinen kleinen Kopf – fast so, als wollte er dich von allen Seiten anschauen. Auf dem Kopf hat er einen kleinen Federbüschel, der fröhlich hin und her schwingt, während er sich bewegt. Ab und an kommt ein kleines Zirpen aus seinem Schnabel.

Während er fröhlich hin und her hüpft, löst sich eine bunte Feder aus seinem Gefieder und segelt langsam auf die Wiese. Der kleine Vogel hüpft weiter, hebt ab und fliegt davon. Die Feder von ihm bleibt zurück und du kannst sie aufheben.

Schau einmal, welche Farbe die Feder hat. Du kannst die Feder vorsichtig streicheln. Sie ist weich und wunderschön.

Spüre die weiche Feder auf deiner Haut.

Du kannst sie auf deine Handfläche legen und sanft anpusten. Sie hebt ab und segelt ganz langsam wieder zurück auf deine Hand.

Sanft und behutsam segelt die Feder.

Sanft.

Behutsam.

Auch du kannst wie eine kleine Feder schweben. Wenn du magst, kannst du langsam aufstehen und über die Wiese gehen. Nimm deine kleine Feder mit.

Vielleicht kannst du spüren, dass es ganz leicht ist, über die Wiese zu gehen. Es kann sich anfühlen, als würdest du über die Wiese schweben.

Mit federleichten Schritten.

Wenn du magst, kannst du auch über die Wiese tanzen. Während deiner Schritte hebst du jedes Mal sanft und behutsam ab. Stell es dir vor, dass du mit jedem Mal ein klein wenig mehr abhebst.

Leicht wie die Feder in deiner Hand, tanzt und schwebst du über die Wiese.

Spüre einmal in dich hinein – auch dein Herz kann bei jedem Schritt sanft schweben und abheben. Vielleicht kannst du das spüren.

Tanzend und schwebend über die Wiese.

Wenn du magst und es sich gut anfühlt, kannst du auch abheben und fliegen. Du bist vollkommen sicher. Alles ist möglich.

Ganz behutsam schwebst du über die Wiese.

Dein Herz schwebt und jubiliert mit.

Du kannst deine Arme ausbreiten und höher schweben. Die Blumen unter dir werden kleiner, und du schwebst ganz leicht bis zu den Bäumen hinauf.

Sanft fliegen.

Du siehst die wunderschöne Waldlichtung mit ihren bunten Blumen, den Tieren und den Bäumen ringsherum unter dir.

Wenn du magst, kannst du noch weiter nach oben schweben. Es ist ganz leicht.

Schon bald kannst du den Wald unter dir sehen. Du kannst an den Rand des Waldes schweben und dort einen Fluss sehen. Langsam schlängelt er sich durch die Landschaft. In der Ferne sind die Häuser einer kleinen Stadt zu erkennen.

Hier oben ist alles wunderbar friedlich. Wunderbar leicht.

Mit Abstand kannst du auf die Welt und das Leben darin herunterschauen. Spüre in dich hinein. Spüre die Leichtigkeit und das innerliche Fliegen in dir. Vielleicht kannst du auch einen inneren Frieden in dir spüren.

Sanft schwebst du über die Landschaft hinweg.

Sanft.

Leicht.

Friedlich.

[längere Pause]

Friedlich schweben.

Genieße das Schweben. Leicht und sanft.

[längere Pause]

Ganz behutsam und langsam kannst du nun wieder nach unten schweben.

Schwebe nach unten.

Du kannst dich umschauen und entdeckst die Waldlichtung. Schwebe dorthin.

Langsam schwebst du nach unten. Schon bald kannst du die Wiese mit den Bäumen und den Vögeln erkennen.

Du schwebst weiter nach unten, landest behutsam und tanzt erneut über die Wiese. Leichtfüßig tanzen. Die Feder des bunten Vogels hast du weiterhin in deiner Hand.

Langsam kommst du zur Ruhe. Du stehst auf der wunderschönen Wiese an diesem herrlichen Sommertag. Spüre einmal den Boden unter deinen Füßen. Du bist wieder unten angekommen.

Lenke die Aufmerksamkeit auf dein Herz. Vielleicht kannst du die Leichtigkeit und das Schweben in deinem Herzen wahrnehmen. Das Gefühl des inneren Fliegens ist in dir und du kannst es jederzeit in wachrufen.

Es wird nun langsam und behutsam Zeit, zurückzukommen.

Spüre einmal deinen Körper. Du sitzt oder liegst auf der Matte an deinem Platz im Raum.

Lass die Augen gerne noch geschlossen und spüre deinen Körper.

Nimm die Füße und Beine wahr. Die Hände und Arme. Deinen Oberkörper und deinen Kopf.

Du füllst deinen Körper wieder vollständig aus.

Lenke die Aufmerksamkeit auf deinen Atem. Nimm das sanfte Fließen deines Atems wahr.

Auch unser Atem kann uns jederzeit ein Gefühl der Leichtigkeit und des innerlichen Fliegens schenken. Nimm das ein paar kostbare Augenblicke lang wahr.

Wenn du im Alltag spürst, dass dich Schwere belastet, erinnere dich an das innerliche Fliegen, das du auf der Blumenwiese erlebt hast. Das Gefühl ist jederzeit in dir.

Komm nun langsam zurück in die Bewegung und wecke deinen Körper wieder auf.

Wenn du soweit bist, öffne deine Augen.

Herzlich Willkommen zurück.

Abschluss & Weiterbildungen

Herzlichen Dank, liebe Leserin – lieber Leser. Ich wünsche dir viel Freude beim Anleiten der Texte und leuchtende Augen bei deinen Teilnehmer-innen.

Ich bin Yogalehrerin und Meditationsleiterin und praktiziere seit 2008 Yoga. Angefangen mit den schönen Texten bin ich an meinen Meditationsabenden in Paderborn. Mittlerweile biete ich auch Onlinekurse, Meditationen in einer Meditations-App und Weiterbildungen für Yogalehrer-innen an.

Ich freue mich über jeden Yogalehrer – über jede Yogalehrerin, die in ihrem Unterricht die schönen Worte verwenden. Ich freue mich auf ein Feedback von dir – entweder als Rezension im Buchhandel oder auch gerne unter buch@w-in-flow.de.

Folge mir gerne auf Facebook und Instagram: winflowpb

Wenn du Lust hast, tiefer einzutauchen und selbst lernen möchtest, schöne Texte zu schreiben, dann schau auf meiner Webseite vorbei:

www.w-in-flow.de

Ich biete regelmäßig Weiterbildungen für Yogalehrer-innen an. Sie finden überwiegend online statt. In den Weiterbildungen lernst du zum Beispiel den Aufbau von Meditationen kennen, wie du Phantasiereisen erstellst oder kreative Ideen für eigene Texte entwickelst.

Trage dich auch gerne in meinen Newsletter ein. Dort verschenke ich regelmäßig Texte, die ich erstellt habe, und informiere dich über meine Aktionen.

Ich freue mich darauf, dich kennen zu lernen.

Namaste. Deine

Kathrin

Weiterführende Literatur & Informationen

Die folgenden Menschen und Werke inspirieren mich regelmäßig bei meiner Arbeit:

- Meditation ist das Herz des Yoga von Remo Rittiner und Martin Mittwede
- Das Yoga-Buch vom Leben und vom Sterben von Satya Singh
- Die Bhagavad Gita von Eknath Easwaran
- Die Essenz der Upanischaden von Eknath Easwaran
- Vedanta – der Ozean der Weisheit von Swami Vivekananda
- Loslassen, was uns festhält von Martine Batchelor
- Über Freiheit und Meditation – Das Yoga Sutra des Patanjali von T.K.V. Desikachar
- Yoga und Gotteserfahrung von Swami Prabhavananda und Christopher Isherwood
- Patanjali Das Yogasutra von der Erkenntnis zur Befreiung Einführung, Übersetzung und Erläuterung von R. Sriram
- Yoga lehren von Maren Brand und Christina Lobe
- Yoga leben von Maren Brand und Christina Lobe
- https://wiki.yoga-vidya.de/
- https://bibeltext.com/

- Meditationsleiterausbildung bei meinem Lehrer René Lecoutre in Berlin: https://meditationsleiter.de/

Weitere Bücher von Kathrin Wibbing

Schöne Worte im Yogaunterricht

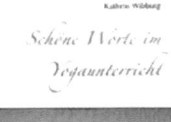

30 Texte zum Vor- und Selberlesen: Jeder eine kleine Urlaubsreise. Lass dich fallen und genieße einfach: du kannst auf einem Elefanten reiten, im Wasserfall baden, von einem Berg im Himalaya fliegen, eine Lichtkugel durch deinen Körper schicken oder einfach deinen Atem spüren. Die Texte sind entspannend und stärkend zugleich.

Mehr schöne Worte im Yogaunterricht

Tiefgang für deinen Yogaunterricht

Mit den Texten in diesem Buch kannst du deinen Yogaschülern mehr Entspannung und deinem Yogaunterricht mehr Tiefgang geben. Es sind 45 Texte, um den Atem zu beobachten, durch den Körper zu reisen, Meditation zu unterstützen oder gedankliche Reisen zu unternehmen.

Lebe deine Sterblichkeit

Deine eigene Sterblichkeit ist ein wertvoller Schatz, den du für deine Lebendigkeit nutzen kannst. Beschäftige dich mit Hilfe der Informationen und den Übungen in diesem Buch mit deiner eigenen Sterblichkeit. Mache dir bewusst, dass unser Dasein endlich ist und genieße dadurch dein Leben intensiver.

In insgesamt elf kurzen Kapiteln bekommst du Informationen und Impulse für dich: Du lernst, was beim Sterben mit dem Körper passiert. Du kannst dich mit der Idee von mehreren Leben beschäftigen und einen Rückblick zu deinem eigenen Leben durchführen. Das Leben ist ein großer Loslassen-Prozess und in verschiedenen Übungen kannst du das ausprobieren. Neben der Rückschau ist auch der Blick nach vorne enthalten: Beschäftige dich damit, was dir wirklich wichtig im Leben ist und welche Visionen du hast; gestalte dein Leben aktiv und entdecke das Wunder in dir.

Oder, um es mit den Worten des Sohnes (12 Jahre) von Kathrin Wibbing zu sagen: „Lebe, was du liebst und liebe, was du lebst."

Alle Bücher gibt es im BoD-Verlag und überall, wo es Bücher gibt.

.